TRADING ONLINE

Da Principiante a Investitore di Successo. Scopri tutti i Segreti e le Migliori Strategie per Guadagnare in Borsa e nel Mercato del Forex + Strategie Operative

Di Rafael Zanetti

SOMMARIO

CAPITOLO 1
DEFINIZIONE DI TRADING ONLINE E DI STRUMENTO FINANZIARIO

I l trading online è un sistema che consente ad utenti privati (detti retail in gergo tecnico) di effettuare compravendita di titoli azionari tramite pc, smartphone e qualunque altro dispositivo connesso ad internet, tramite la mediazione di società oppure di agenti finanziari (detti traders se operano per sé stessi oppure brokers se operano come intermediari) che offrono questo servizio dietro il compenso di una provvigione.

In Italia questo servizio può essere offerto agli utenti solo da società e da agenti che ne abbiano autorizzazione da parte della CONSOB (Commissione Nazionale per le Società e la Borsa), la maggiore autorità italiana per la vigilanza sui mercati finanziari che opera insieme alla Banca d'Italia

Prima degli Anni Novanta potevano investire soltanto persone che disponevano di ingenti capitali e per loro l'unico modo di investire sul mercato finanziario era attraverso un broker di fiducia. Con l'avvento di internet tutto ciò è cambiato perché è proprio negli Anni Novanta che si è avuta la diffusione di pc e connessione internet, progressivamente, in tutte le case e potenzialmente chiunque oggi può diventare un trader.

Il trading online, infatti, è semplicemente la compravendita di strumenti finanziari su internet basata su un'attività di negoziazione.

Per *strumento finanziario* si intende un qualunque mezzo di investimento di natura finanziaria e, secondo la definizione data dal Testo Unico sulla Finanza (TUF), ne esistono di due tipi, ovvero titoli di massa e contratti derivati.

Ai titoli di massa appartengono:

- le azioni, che sono forse la più conosciuta forma di investimento finanziario, in Inglese sono dette share oppure stock. Si tratta di titoli finanziari rappresentativi di una quota di una società per azioni. La vendita di azioni da parte di una società corrisponde all'equity financing, ovvero una forma di finanziamento non a debito cui ricorrono le società per azioni per accrescere il proprio capitale sociale: normalmente una società necessita di capitali per ampliare la propria produttività oppure per effettuare, a sua volta, degli investimenti. Tra le varie forme di finanziamento che può ricercare, l'emissione di azioni non prevede la creazione di un debito verso nessuno. Questo perché un titolo azionario corrisponde ad una parte del capitale sociale. Se ad esempio una società emette dieci azioni del valore di 10€ ciascuna, per un capitale sociale di 100€, se Tizio Caio ne compra sei possiederà il 60% della società mentre Sempronio, che ne ha acquistate quattro, ne possiederà il 40%. Periodicamente, i ricavi della società vengono ridistribuiti tra tutti gli azionisti, in proporzione alla quota posseduta da ciascuno di loro, per cui a Tizio Caio andrà il 60% dei profitti e Sempronio godrà del 40% degli

2

stessi. Questo criterio di ridistribuzione degli utili è detto principio plutocratico;

- le obbligazioni (dette bond in Inglese), che sono un titolo di credito emesso da una società oppure da un ente pubblico e corrispondono ad una forma di finanziamento a debito.

L'obbligazione, per il possessore, è una forma di investimento perché a tutti gli effetti, acquistandolo, concede quello che è un prestito obbligazionario per l'emittente che necessita di liquidità.

Ad una scadenza prefissata detta data di maturità (maturity date in Inglese) il possessore, detto obbligazionista oppure bondholder, si vede restituito il capitale speso per l'acquisto dell'obbligazione più un interesse detto coupon rate in gergo tecnico;

- i titoli di stato, che sono obbligazioni emesse dal Ministero dell'Economia e Finanza dello Stato di appartenenza con lo scopo di coprire il proprio debito pubblico. Gli utili per possono derivare sia dallo scarto di emissione che corrisponde alla differenza tra valore nominale ed il prezzo di emissione sia mediante il pagamento periodico di cedole al possessore del titolo, che possono essere fisse oppure variabili.

Un esempio di scarto di emissione: se l'Italia emette titoli di Stato del valore nominale di 10€ ciascuno ma li vende a 8€, quei 2€ di differenza corrispondono allo scarto di emissione che è detto anche disaggio in gergo tecnico;

Ai contratti derivati occorre prestare una attenzione più elevata, in quanto sono così definiti perché la loro quotazione si basa su un asset (oggetto) sottostante da cui derivano e l'acquisto non conferisce il possesso del titolo rappresentato dal prodotto. Inoltre, il maggiore rischio che li rappresenta è dovuto al fatto che il loro valore viene calcolato sulla simulazione di eventi futuri.

Appartengono alla famiglia dei contratti derivati:

-    il Forex, abbreviazione di *Foreign Exchange Market*, che consiste nel mercato di scambio di valute. Nell'ambito di questo mercato, avvengono dei cambi tra coppie di valute, come euro/dollaro, euro/yen, ecc., finalizzati al guadagno derivante dalle oscillazioni di valore delle varie monete nazionali. Ad esempio: se oggi 1 dollaro vale 0,50 centesimi di euro e Tizio Caio cambia 10€ in cambio di 20$, potrà attendere che il dollaro superi il valore dell'euro per invertire il cambio e guadagnare sull'oscillazione compiuta dal dollaro;

-    le opzioni, che sono niente altro che contratti stipulati tra due (oppure più di due) parti in cui l'una conferisce all'altra il diritto di comprare oppure vendere, dietro il pagamento di un prezzo detto premio ed entro un determinato tempo e ad un prezzo prestabilito (detto strike price), il titolo che è oggetto del contratto e detto strumento sottostante in gergo tecnico.

In contesto finanziario, se l'opzione conferisce il diritto di acquistare è detta call option mentre è detta put option se conferisce il diritto di vendere.

Questi contratti dunque conferiscono la scelta, per l'appunto conferiscono l'opzione di comprare oppure vendere, ma non l'obbligo. Il beneficiario del diritto *ha la facoltà* di comprare oppure vendere il sottostante solo se dalla transazione ne deriva un effettivo guadagno;

- i future contracts, detti semplicemente futures, che sono contratti mine firmati da due parti che concordano di scambiarsi una determinata quantità di merce, in una data futura, ad un prezzo prestabilito. Nei futures il venditore della merce, in realtà, ancora non la possiede e specula prevedendo che in futuro il costo di acquisto della merce oggetto del contratto scenderà. Chi nel contratto di future corrisponde al venditore, quindi, acquista la merce sul mercato poco prima dello scadere del termine del contratto e guadagnerà sulla differenza tra la somma pagata e quella concordata nel contratto con la persona a cui andrà a rivendere la merce. Ovviamente sarà una cifra superiore.

Chi acquista, invece, tenta di speculare all'inverso: se il costo della merce aumenta, l'acquirente si aggiudica la merce ad un prezzo ribassato e guadagnerà la differenza rivendendo la merce a prezzo di mercato.

Gli strumenti di pagamento, come per esempio gli assegni bancari e le carte di credito, secondo la definizione codicistica, non appartengono all'ordine degli strumenti finanziari.

Il tentativo di alterazione del valore degli strumenti finanziari è punito secondo le disposizioni date dal Codice Penale in materia di manipolazione di mercato. Il tutto solo a partire dal 1999, con la redazione del *Nuovo Regolamento Consob di attuazione del Testo Unico dei mercati finanziari*.

Il trading online avviene nell'ambito di quelli che in genere vengono indicati come mercati oppure borse e che corrispondono a dei contenitori virtuali in cui sono quotati i titoli finanziari e che vengono gestiti da società specifiche.

In questi mercati le imprese di investimento come le banche oppure le Società di Investimento Mobiliare (dette semplicemente *Sim*) pagano per avere opportunità di vendere e comprare strumenti finanziari per sé stesse e per i propri clienti.

La quotazione di un titolo consiste nel costo che chi acquista e chi vende attribuisce a quel titolo in un preciso momento, proponendo agli altri traders di acquistare oppure vendere quel titolo al prezzo indicato. Vengono così a formarsi dei veri e propri listini prezzi visibili a tutti i traders e che vengono raccolti in quelli che in gergo vengono denominati *books*.

Il costo di un titolo varia, in alcuni casi, in maniera ininterrotta durante il corso della giornata ed il suo andamento è verificabile tramite la consultazione di grafici che consentono di individuare l'istante più propizio per la negoziazione.

Oggi come oggi le borse corrispondono a dei server (computer) con una enorme potenza di calcolo, che raccolgono milioni di ordini effettuati da utenti di tutto il mondo per poi incrociare le domande e le offerte e concludere le transazioni, il tutto in pochi millesimi di secondo.

Il tutto sotto l'egida di regole ben precise che valgono per tutti gli utenti.

In genere, a filtrare queste transazioni automatiche c'è l'operatività di enti societari che gestiscono le cosiddette clearing house, ovvero attività di compensazione che gestiscono i contratti in base a regole condivise.

Le imprese di investimento mattono a disposizione le proprie piattaforme con cui consentono ai propri clienti di accedere ai mercati e quindi operando come intermediari tra il mercato ed il trader privato.

Per questo tali società di investimento sono conosciute in tutto il mondo con la definizione di broker online. Il termine inglese *broker*, infatti, significa proprio *intermediario* ed è utilizzato anche in ambito assicurativo.

L'operatività del broker online consiste nel pagare i mercati per poi rivendere il servizio di trading attraverso i propri sistemi.

• Le piattaforme di trading online: quale scegliere in base alle proprie esigenze

Per piattaforma di trading si intende un software messo a disposizione da un intermediario (broker abilitato) all'investitore (trader) e rappresenta lo strumento fondamentale per eseguire le transazioni di negoziazione in rete.

Il buon investitore sa bene che, per investire in maniera efficace, non avrà bisogno soltanto di formazione, conoscenze, informazioni ma avrà bisogno anche di una piattaforma sicura e professionale per negoziare in Borsa attraverso il trading online, quella che gli permetterà di scegliere i migliori titoli e strumenti, di analizzare grafici ed entrare sul mercato al momento giusto, nonché la piattaforma che gli permette di operare a costi bassi e con i migliori strumenti.

La borsa e i mercati finanziari non sono accessibili direttamente ma occorre affidarsi ad intermediari che facciano da tramite tra la volontà di investimento del trader ed i mercati dove si possono acquistare e vendere titoli.

Non è fattibile un accesso diretto, e questo è anche un bene per chi deve investire i propri capitali. Le transazioni per investire sarebbero per il trader troppo complicate, così come sarebbero complicate le autorizzazioni e gli adempimenti che le principali borse richiedono per operare.

Per questo motivo esistono le piattaforme per giocare in borsa, piattaforme che da una parte si preoccupano di eseguire gli ordini dei traders, e dall'altra di offrire loro strumenti per operare in modo sicuro e professionale: basti pensare all'ordine di stop loss, al take profit, oppure ancora ai grafici analitici integrati nelle piattaforme trading migliori.

Le migliori piattaforme trading disponibili sono:

eToro;

Capital.com ;

FP Markets ;

Plus500 ;

Trade.com;

IQ Option.

Il mercato degli investimenti è globale, così come sono globali le piattaforme, gli intermediari e i servizi.

Per chi abita in Italia, non è necessario preoccuparsi dell'italianità di un operatore: i vantaggi non guardano alla nazionalità, ma piuttosto al rispetto di determinate regole che possono rendere una piattaforma affidabile oppure no.

In questo senso ad interessare il trader deve essere la presenza di autorizzazioni MiFID, ovvero quelle del framework europeo per gli intermediari finanziari, che possono garantire:

- Trasparenza perché gli intermediari che godono di questa autorizzazione sono costantemente controllati dalle autorità competenti ;

- Sicurezza dei capitali, che è anche questa una garanzia che possono offrire soltanto quei broker dotati di autorizzazioni MiFID; la sicurezza dei capitali prevede non solo controlli da parte delle autorità, ma anche separazione tra i capitali aziendali e quelli degli investitori;

- Maggiore interesse da parte dell'investitore: le piattaforme autorizzate in ambito MiFID devono eseguire gli ordini sempre nel massimo interesse dell'investitore, anche quando questo dovesse essere in conflitto con gli interessi del broker.

Ci sono diversi tipi di autorizzazione in ambito MiFID che possono fare ai traders sonni tranquilli.

Tipicamente i migliori broker e le migliori piattaforme per investire in borsa offrono o un'autorizzazione CySEC, per chi ha sede a Cipro, oppure una autorizzazione FCA, per chi ha sede nel Regno Unito.

Non importa quale delle due sia operativa: in entrambi i casi tutti sono tutelati a livello legale e di controllo dal framework di regole dell'Unione Europea.

Anche Capital.com con intelligenza artificiale offre il top delle piattaforme, anche a chi magari non ha grandi capitali.

Ci sono diversi fattori dei quali occorre sempre tenere conto prima di investire in un broker per giocare in borsa:

-      Il listino messo a disposizione, che è di fondamentale importanza perché avere un gran numero di titoli, specie se di qualità, sui quali investire è un vantaggio enorme anche per il piccolo investitore. Ci sono broker che offrono soltanto Forex, e quelli che invece offrono una buona selezione di azioni, obbligazioni, indici, criptovalute, valute tradizionali, fondi, ETF e materie prime (commodities).

La scelta in questo caso è sempre meglio averla ampia: si potrà così andare a costruire un portafoglio differenziato con la stessa piattaforma, con enormi vantaggi a livello gestionale, di organizzazione e di ordine.

Per questo motivo occorre scegliere sempre broker che possano mettere a disposizione diversi titoli sui quali puntare, per costruire investimenti complessi anche a livello di composizione. Il broker Trade.com offre listini molto forniti, più di 2.200 titoli per comporre il portafoglio ideale per ogni trader.

In linea di massima è giusto asserire che non esistono piattaforme trading specifiche per fare trading sul forex piuttosto che sulle criptovalute, sulle azioni o sugli indici di borsa.

Anche la piattaforma che viene al trader per negoziare è importante, come le piattaforme di tipo MetaTrader, sia per la versione 4 che 5 e WebTrader, di proprietà di brokers che detengono esclusività, come ad esempio:

-    eToro Copytrader che è un sevizio che permette di copiare i migliori traders della community e fare trading in modo semi-automatico;

-    L'intelligenza artificiale di Capital.com che presenta funzionalità esclusiva davvero all'avanguardia per una piattaforma di trading online. Questa intelligenza artificiale offre indicazioni al trader e migliora nel corso del tempo, permettendo al trader di evitare gli errori più comuni.

Non si tratta di una scelta di tipo evangelico, ma piuttosto di una scelta che offre di scegliere tra le opportunità che l'una oppure l'altra soluzione mettono a disposizione degli utenti.

Ci sono poi i segnali di trading e che sono reputati così importanti dai più esperti perché si tratta di indicazioni molto utili, e per certi versi totalmente indispensabili, consultabili affinché l'investitore possa avere tutti gli elementi conoscitivi necessari per fare trading con risultato soddisfacente. Esistono oggi diverse migliori piattaforme di trading che permettono di ricevere oppure usare i loro segnali, e sono:

-    la piattaforma trading Trade.com che consente di usare script Expert Advisor su MetaTrader insieme a segnali con Trading Central;

-    la piattaforma trading Capital.com che offre notifiche ed indicazioni utili per il trader grazie all'intelligenza artificiale;

-    la piattaforma trading FP Markets che consente di usare script Expert Advisor su MetaTrader + Trading Central.

E' bene precisare, inoltre, come le classifiche sulle migliori piattaforme siano soggette a costanti revisioni ed aggiornamenti.

Tra le caratteristiche maggiormente richieste dai traders, anche principianti, c'è il trading algoritmico / automatico, ovvero la predisposizione da parte delle piattaforme di poter installare script ed algoritmi SW che permettono al trader di negoziare in modo del tutto automatico.

Le piattaforme con automazione sono molto desiderate e le migliori piattaforme trading con automazione sono:

Capital.com (TradingView);

Trade.com (MetaTrader 4);

FP Markets (MetaTrader 4/5).

Un altro aspetto molto importante da tenere in considerazione quando si sceglie la giusta piattaforma per giocare in borsa, è l'aspetto legato al materiale didattico gratuito messo a disposizione sulla piattaforma stessa.

Le migliori piattaforme trading, come ad esempio Capital.com e Trade.com mettono a disposizione dei loro clienti molto materiale didattico (gratuito) utile per migliorare le proprie conoscenze nel mondo degli investimenti in borsa e trading on line.

La leva finanziaria , poi, è uno degli strumenti più importanti tra quelli offerti dai CFD. Ci permette di investire al margine e dunque di moltiplicare virtualmente i capitali che il trader ha a disposizione.

I migliori broker come ad esempio Plus500 e le migliori piattaforme per l'investimento in CFD offrono tutte leva finanziaria adeguata, che per determinati prodotti può arrivare fino a 1:30. I migliori broker online offrono alla propria clientela sempre soluzioni adeguate sia al livello di competenza del trader, sia all'idoneità per operare sui mercati.

Le piattaforme senza leva non sono soltanto quelle di trading bancario perché esistono, oggi, una serie di opportunità da sfruttare direttamente dal trading di borsa, grazie alle piattaforme di trading in DMA, ovvero il Direct Market Access. Si tratta di vere e proprie piattaforme trading senza leva, ma al tempo stesso non di origine bancaria e quindi prive di costi fissi su ogni negoziazione che permetta di acquistare azioni pure e reali senza utilizzare la leva finanziaria.

Le 3 migliori piattaforme trading senza leva sono:

eToro;

FP Markets ;

Trade.com.

La vendita allo scoperto è un altro strumento di fondamentale importanza per investire come un professionista.

Con la vendita allo scoperto infatti il trader può andare a vendere titoli, azioni e altri sottostanti pur non avendoli in portafoglio.

Questo vuol dire, in parole povere, che grazie alla vendita allo scoperto si può andare a guadagnare anche dai trend negativi. Fino a qualche anno fa era un'opportunità che veniva offerta esclusivamente agli investitori istituzionali, agli hedge fund e ad altre organizzazioni che avevano dimensioni decisamente più importanti del singolo investitore.

Oggi, grazie alle migliori piattaforme, si può investire senza alcun tipo di problema anche allo scoperto, guadagnando dai movimenti in ribasso, quelli che senza un broker CFD di qualità, sarebbero soltanto delle perdite per il trader.

I costi e le commissioni, poi, sono altrettanto importanti, perché il trader dovrà fare necessariamente fare i conti con quanto dovrà corrispondere all'intermediario per operare sui mercati.

I broker che offrono il trading in CFD sono molto apprezzati dagli investitori perché permettono di operare con costi di trading bassissimi, il che vuol dire che al trader vengono aperte anche delle possibilità di trading quotidiano, più volte sullo stesso sottostante, per incamerare anche pochi pip per trade.

La possibilità di fare scalping, soprattutto con piattaforme che consentono di operare in assoluta libertà dati i costi bassi, è particolarmente allettante. Tirando le somme con quanto viene offerto dalle piattaforme che hanno anche l'opportunità di investire con trading semi-automatico, è facile capire quanto sia importante avere un piano di costi basso e costante. Broker come Capital.com offrono zero commissioni, e soltanto un piccolissimo spread tra acquisto e vendita.

Le autorizzazioni di cui gode una piattaforma sono altrettanto importanti: occorre verificare sempre la presenza di autorizzazioni e controlli in ambito MiFID, il framework europeo che gestisce il sistema di controlli sugli intermediari finanziari. Non importa che si tratti di autorizzazione CySEC che è cipriota oppure FCA che è britannica.

La presenza di una di queste autorizzazioni denota l'essersi affidati ad un broker che abbia controlli rigorosi, che si adopera per scegliere sempre il miglior scenario per i clienti e che separa i propri capitali da quelli degli investitori, per una sicurezza ancora incrementata. Non occorre mai affidarsi a broker che non hanno autorizzazioni perché ne va della propria sicurezza e di quella dei propri investimenti.

Probabilmente, chiunque si è già visto proporre dalla banca presso cui è correntista un deposito titoli per operare su alcuni mercati finanziari in abbinamento al proprio conto corrente.

Questo tipo di conti però ha dei problemi sostanziali, che si devono per forza tenere in considerazione prima di andare ad investire:

-   innanzitutto, i costi sono altissimi: sia per ogni trade, sia per la gestione, il che vuol dire che con questo tipo di strumento occorre prediligere una strategia di lungo periodo; forse, potrebbe fare anche al caso di un trader, ma perché quel trader dovrebbe precludersi le enormi opportunità offerte dal trading intraday?

-   Non c'è vendita allo scoperto, il che vuol dire andare a perdere tutte le opportunità offerte dai trading avversi (su broker come Capital.com invece si può fare tranquillamente);

-   Non c'è leva finanziaria, il che vuol dire che non si potrà moltiplicare il proprio capitale;

-   I listini sono particolarmente ristretti, il che vuol dire che per la scelta della composizione del proprio portafoglio non si potrà fare affidamento su tutti i mercati che le piattaforme CFD mettono a disposizione (su Trade.com si ha un'ampia gamma di assets – oltre 2.200 per fare trading).

Se si intende fare trading con la banca, occorre sapere che non si ha a disposizione nessun tipo di materiale formativo per imparare a fare trading.

In banca non si può iniziare a fare trading anche partendo da cifre basse mentre con una piattaforma come IQ Option bastano solo 10 euro (trade minimi di 1€);

Si tratta dunque di una scelta sicuramente inferiore qualitativamente alle piattaforme CFD.

I canali principali per acquistare strumenti finanziari oggi sono le piattaforme di trading e le piattaforme bancarie.

Una distinzione, questa, in realtà molto importante e netta, nonostante i gruppi bancari si ostinino a chiamare le loro piattaforme come strumenti per il trading online.

Esistono delle differenze importanti tra le due modalità, sia sotto il profilo tecnico che sotto il profilo di accesso ai mercati, differenze che deve essere premura del trader tenere in conto, per potersi permettere di investire adeguatamente e scegliere il giusto interlocutore per le proprie transazioni.

La comparazione può essere fatta sotto più aspetti: dai titoli presenti agli strumenti per investire, dalle commissioni all'assistenza all'analisi tecnica e fondamentale.

Occorre anche tenere conto dei servizi aggiuntivi tipici di ogni piattaforma, che possono fare la differenza per chi opera sia in trading di breve periodo che di lungo.

Le piattaforme bancarie offrono ai propri investitori decine di migliaia di titoli, facendo della varietà uno dei loro punti di forza ma, ad un'analisi più approfondita è evidente che le piattaforme bancarie prediligono titoli che hanno direttamente in gestione, come fondi e risparmio gestito, a sfavore dell'offerta di titoli in accesso non gestito.

Le piattaforme di trading, invece, lasciano completa libertà al trader in termini di accesso ai mercati e di scelta dei titoli.

E quando propongono portafogli, come ad esempio i CopyPortfolios di eToro, non aggiungono commissioni ulteriori. Dunque la trasparenza nella scelta gioca a favore delle piattaforme di trading.

L'analisi, che sia tecnica oppure fondamentale, è lo strumento di base per riuscire ad ottenere degli insight giusti sul futuro del mercato.

Purtroppo non sempre ci si può affidare a quanto viene offerto da terze parti e dunque sarebbe il caso di avere sempre a disposizione strumenti che permettano al trader di svolgere tali analisi per conto proprio.

Le piattaforme di trading offrono un aiuto importante in questo senso: sia quando propongono piattaforme come MetaTrader, che sono esterne e professionali, sia quanto invece propongono piattaforme web proprietarie. Per entrambe le soluzioni si possono utilizzare strumenti avanzati per l'analisi tecnica e anche ottenere informazioni importanti per l'analisi fondamentale.

Le piattaforme bancarie non sono quasi mai sullo stesso livello e spesso mancano di strumenti per il trading effettivi ed efficaci, cosa che potrebbe interessare meno chi investe sul lungo periodo, ma che è di fondamentale importanza per chi invece fa trading sul breve e sul brevissimo periodo.

Altro punto fondamentale della comparazione sono le commissioni, specie in relazione ai mercati esteri.

Ci sono diversi punti che rendono il trading con le piattaforme bancarie poco conveniente:

- le commissioni fisse sono certamente il primo punto sfavorevole più evidente. Tutte le piattaforme bancarie applicano un sistema di commissioni misto in cui una commissione fissa e uguale per tutti, con l'aggiunta di una commissione variabile in funzione di quanto il trader ha investito. Un sistema di commissioni di questo tipo punisce soprattutto chi investe poco denaro. Una commissione fissa di 19 euro, che è un livello medio per un investimento sul NASDAQ, impatta in modo molto più considerevole sulle finanze di chi investe poche centinaia di euro, rispetto a quanto invece impatterebbe sui conti ti chi investe milioni;

- la differenza tra mercati esteri e italiani è un'altra problematica insidiosa, perché molti traders professionisti trovano assurdo che per i mercati esteri le commissioni possano essere anche di 4 volte più alte. Questo spinge gli investitori e i risparmiatori a scegliere i mercati italiani, che non sempre offrono il massimo in termini di opportunità di investimento;

- le commissioni a scalare sono un altrettanto curioso elemento, in quanto sono garantite commissioni più basse a chi investe più di frequente.

Si potrebbe anche capire la ragione commerciale, ma questo spinge gli investitori a fare trading compulsivo, nella speranza di superare il target fissato per l'abbassamento delle commissioni e chiunque si renderebbe conto che non è affatto un incentivo per il trader a comportarsi secondo ragione.

Gli istituti bancari difficilmente offrono servizi avanzati e moderni per il trading.

Quando si opera con una piattaforma di trading autentica si può accedere, a seconda dell'intermediario scelto, a servizi che permettono di copiare altri trader, di applicare intelligenza artificiale, oppure ancora al trading automatico oppure semi-automatico con programmi avanzati.

Quelli appena menzionati sono tutti servizi che i broker bancari, ormai in cronico ritardo tecnologico, non sembrano essere in grado di offrire a nessuno, almeno per il presente e per il futuro prossimo.

Le piattaforme non autorizzate ad operare in Europa e non dotate di autorizzazioni MiFID non devono essere mai usate per negoziare, specialmente dai neofiti. Spesso cercano di attrarre traders avventati con condizioni più vantaggiose, ma chi investe lo fa a suo rischio e pericolo.

Non vale assolutamente la pena inseguire chimere: meglio sempre affidarsi ad uno dei broker che operano in Europa con CFD e con le autorizzazioni giuste per garantire i capitali che ognuno ha investito.

Occorre sempre scegliere con attenzione il broker e le relative piattaforme che propone al trader e ci si deve sempre affidare a broker di trading online con comprovata esperienza e regolamentati in Europa.

Sono da tenere lontani i broker extra-europei, specie quei broker con licenze di dubbia provenienza. Ci si affidi a piattaforme esperte, con uno storico all'attivo e si escludano subito dalla propria check-list i broker che contattano telefonicamente perché al 100% si tratta di una truffa.

CAPITOLO 2
I DIVERSI TIPI DI TRADING E COME
SCEGLIERE IL PROPRIO

Il mondo del trading offre un ampio ventaglio di opportunità e pertanto esistono vari tipi di trading ed anche vari tipi di traders.

Chi si interfaccia a questo mondo deve inevitabilmente scegliere il proprio stile, che dipende molto dalla psicologia e dalla personalità di chi inizia ad operare sui mercati.

Quelli che costituiscono gli elementi caratterizzanti in questa differenziazione sono la quantità di tempo trascorso in una singola transazione, il tempo di entrata ed anche la frequenza degli scambi.

• Il trader

Occorre innanzitutto fare un po' di chiarezza sul significato di *trader* e come si può classificare in base alle sue funzioni: un trader è un operatore finanziario che effettua compravendita di strumenti finanziari come azioni, obbligazioni, e derivati sulle varie borse valori e su altri mercati mobiliari in nome proprio oppure per conto di una società.

Il trader si muove da solo, in maniera autonoma, al contrario dell'agente di cambio oppure di un qualsiasi altro intermediario.

Il trader può essere identificato come un libero professionista, ma il termine indica anche un piccolo investitore che applica speculazioni agli strumenti finanziari, fosse pure solo per hobby.

A seconda del tipo di operatività, i traders si distinguono in:

- traders discrezionali, che sono coloro che prendono decisioni operative da soli, basandosi solamente sulle proprie capacità di analisi e senza il supporto di mezzi automatici;

- i traders semi-discrezionali, che sono traders che basano la propria attività su un processo di analisi promiscuo: metà del lavoro viene svolto autonomamente e metà in maniera automatica.

- i quantitative traders, detti anche quant trader, oppure traders sistematici oppure ancora traders automatici, che sono coloro che adottano tutte le strategie del caso in base ad analisi quantitative derivate da automatismi come computazioni matematiche realizzate con algoritmi.

Una ulteriore classificazione può infine suddividere i traders a seconda dell'orizzonte temporale delle proprie transazioni:

- gli scalpers, che sono quei traders le cui posizioni solitamente vengono aperte e chiuse in un lasso di tempo che può essere di pochi minuti oppure, addirittura, secondi. Questo tipo di strategia è applicabile da chi ha una lunga e comprovata esperienza;

- ci sono poi i day traders, che si differenziano dagli scalpers perché fanno un numero minore di operazioni in un arco di tempo più ampio. Con questa strategia non è obbligatorio chiudere la posizione in giornata perché, come dice il nome, il termine day trading indica un giorno di negoziazione e si basa su una strategia di trading a breve termine in cui si acquistano e si vendono azioni nel corso della stessa giornata, intesa come arco temporale di 24 ore.

L'apertura e la chiusura di un numero ridotto di operazioni nell'arco della stessa giornata permette di sfruttare anche le più piccole oscillazioni di prezzo. Le posizioni vengono spesso aperte e mantenute per poche ore e chiuse all'interno della giornata. Si tratta della la forma più conosciuta e famosa di trading perché oggi come oggi è accessibile a chiunque ed è la maniera più utilizzata dal trader che vuole iniziare, perché concede ad un investitore principiante di vedere in maniera rapida i risultati delle proprie decisioni, permettendo così di imparare a calibrare gli investimenti.

Il trader che usa questa tecnica non si ferma a una sola negoziazione ma ne apre diverse di piccole dimensioni, e quindi a buon mercato, nell'arco della stessa giornata.

È un metodo che consente di mettere da parte piccoli guadagni, ma questo tipo di operatività ripetuta ogni giorno può condurre a delle soddisfazioni. Inoltre è una tecnica prudente e che richiede costanza, ottima per iniziare.

CAPITOLO 3
TUTTE LE FORME DEL TRADING

Scegliere lo stile di trading più adatto alla propria personalità può essere un compito gravoso per i neofiti, ma è il primo passo per comprendere la realtà del mercato azionario nonché condizione indispensabile se si intende diventare traders di successo. Il fatto che un trader segua una strategia ed una operatività inerenti alla sua personalità non deve essere frainteso ed utilizzato come pretesto per trasformare il trading in una materia dai connotati medici, quasi come fosse una branca della Psicologia: indubbiamente, l'elemento psicologico ha la sua importanza in materia di trading ma il trader professionista è un agente finanziario, non uno psicologo.

Se si tiene sempre presente tutto questo, con il tempo e non appena si acquisisce un minimo di esperienza si vedranno arrivare i risultati, piccoli oppure grandi che siano.

Ad ogni modo, quale che sia la forma di trading che più attrae una persona, quale che sia il tipo di trader in cui una persona si rispecchia, occorre tenere presente che il trading resta pur sempre un'attività che incide sul benessere finanziario di chi la svolge.

Nel mondo del trading esistono tante strategie diverse, ma non esiste la strategia adatta a tutti i contesti ed a tutti i traders, ragione per cui chiunque voglia approcciarsi al mondo del trading per guadagnare dovrebbe cercare di individuare quella che è la strategia più adatta alle proprie caratteristiche.

• Il trading intraday

La forma di trading più diffusa è quella del trading intraday caratterizzata da un investimento a breve termine ed alto rischio.

I traders che adoperano i metodi che caratterizzano questa forma di trading seguono una ferrea disciplina nel loro approccio alla giornata di trading ed alle fasi di apertura e chiusura dei mercati.

Molti intraday traders operano da soli e molto spesso lavorano da casa, in completa autonomia. Inoltre, datosi che l'intraday trading si gioca nel giro di pochi minuti, il trader che sceglie un metodo appartenente a questa forma di negoziazione non può lasciarsi soggiogare da nessun timore e deve cogliere al volo le occasioni più propizie per comprare oppure vendere strumenti finanziari.

Appartengono alla categoria dell'intraday trading:

- lo swing trading, che è il tipo di operatività tipico di chi detesta lo stress e di chi si annoia facilmente. Nello swing trading si cerca di ottenere profitti con uno strumento finanziario al massimo nell'ordine dei quattro giorni e, a questo proposito, si fa largo utilizzo di analisi tecniche per la ricerca di strumenti finanziari adatti a transazioni a breve termine. È dunque un tipo di trading in cui vi è molta attenzione alle tendenze dei mercati ed agli schemi di prezzo;

- Il day trading, che è il tipo di operatività di coloro che sono disposti ad accettare un alto rischio in prospettiva di un guadagno consistente. È un tipo di trading in cui lo specchio di rischio si trova al vertice ma rispecchia il principio secondo cui con un rischio elevato ci sono potenziali guadagni stellari. Chi sceglie di fare trading con questo tipo di operatività in genere è una persona dalla grande emotività ed infatti si eccita nell'assistere ad una elevata volatilità del mercato. Nel day trading si cercano svariati trade giornalieri come ad esempio futures, azioni, opzioni, derivati e valute; in genere si cercano di chiudere al massimo dieci-dodici posizioni giornaliere che vengono aperte e chiuse nell'ambito delle ventiquattro ore;

- all'ordine del day trading appartiene quello che è definito l'intraday scalping, un'operatività a brevissimo termine in cui si presentano dei casi dove apertura e chiusura delle posizioni possono avvenire addirittura in meno di un minuto. L'intraday scalping è basato su analisi tecniche di indicatori e grafici.

- Il price action trading, che è il tipo di operatività di tutti coloro che tendono a semplificare il tutto, ad affrontare tutte le cose con leggerezza ma mai con superficialità e, non a caso, questo tipo di approccio ai mercati è detto *minimalista* oppure anche *semplicistico*. Chi sceglie questo metodo ha una buona conoscenza di base dei mercati e si affida ad una combinazione di movimento di costi, grafici, dati grezzi di mercato per decidere se effettuare oppure no una transazione;

- al future trading occorre dedicare un discorso bene articolato in quanto questo tipo di operatività vede svilupparsi nel proprio circuito addirittura quattro tipi di traders diversi.

L'Hedger è quel tipo di future trader che gestisce il rischio di variazione di prezzo, proteggendo le posizioni esistenti contro le oscillazioni di prezzo e vende contratti di futures mentre possiede il bene oggetto del contratto.

Lo Speculatore è la vera colonna portante del future trading e fornisce liquidità ed attività nel mercato, ma è anche il future trader che sceglie che sceglie l'l'operatività più rischiosa in quanto il costo del bene sottostante può variare facilmente e mettere la posizione in perdita.

L'Arbitraggista riconosce le anomalie di prezzo tra i contratti future ed i beni che ne sono oggetto e raccoglie guadagni senza rischi. Al momento, quella dell'arbitraggio, è un'area molto competitiva poiché si confronta con l'operatività di potenti software che individuano il crearsi di queste opportunità.

Lo Spreader è un future trader specializzato nella negoziazione di contratti futures mediante un'operatività che ottimizza i guadagni e riduce i rischi e che è conosciuta come future spread. Il settore dello spreader è molto specializzato, di nicchia, ed in esso il trader si serve della differenza di prezzo e di tasso di cambio di diversi contratti di future compensativi, per creare posizioni di futures che hanno maggiori opportunità di generare guadagni con meno commissioni;

- il price trading, che è l'operatività più comune da scorgere sul mercato ed appartiene a quei traders che cercano di capire il reale valore di un titolo e che acquistano uno strumento finanziario ad un prezzo prefissato;

- l'Active Trading, che è l'operatività di tutti quei traders che camminano sull'orlo del fanatismo. È l'operatività di chi vede il trading come una speranza di vita migliore oppure di chi vuole semplicemente guadagnare tanto in poco tempo. Più che un tipo di operatività, questa è una connotazione psicologica del trader che sfiora la condizione patologica.

• Il trading multiday

Il trading multiday è caratterizzato da un rischio medio per un alto guadagno nonché da un impatto finanziario a medio e lungo termine.

In tutte le sue forme, il trading richiede una certa disciplina nell'approccio con i mercati ed il trading multiday non è esente da questa condizione, inoltre occorre almeno un minimo di informazione per riuscire ad interfacciarsi con i mercati secondo i metodi del trading multiday, perché la comprensione dei cicli che regolano i prezzi andranno a costituire base e fondamento di ogni strategia.

Il trading multiday è particolarmente adatto a chi non ha tempo oppure voglia di passare troppo tempo davanti al pc ma vi occorrono per lo meno trentamila euro di capitale per potere operare questa forma di trading in maniera soddisfacente.

Il trading multiday si suddivide in:

-    trading fondamentalista, che è proprio di quei traders con ottime propensioni all'osservazione. Questo perché il trader fondamentalista trascorre le sue giornate ad attingere a ricerche di economia che riguardano una precisa società oppure un settore specifico e cerca di predire le variazioni a breve termine di uno strumento finanziario a seconda dell'andamento della compagnia che lo ha emesso. Questo approccio è utile e reca risultati sul lungo termine ma è assai meno efficace nell'ottenere risultati di un certo tipo in tempi brevi, specie perché chi opera in questo modo è sempre impegnato alla ricerca di società più sottovalutate su cui investire, rasentando la scommessa più che l'investimento;

-    il trading in opzioni, che è proprio del trader che negozia opzioni sul mercato e quindi non opera la compravendita sul mercato di azioni ma dei loro derivati;

-    trading in commodity spread, che consiste nella negoziazione sul mercato di materie prime che siano tangibili e fruibili sul mercato (dette commodities in economia) ed in particolare di metalli preziosi (come l'oro), il petrolio, il gas, ma anche prodotti agricoli come il caffè, il cacao, lo zucchero… Chi opera in questo particolare campo è molto concentrato sulle dinamiche di domanda ed offerta sul mercato di tali materie prime, che ne determinano poi il prezzo sul mercato. Inoltre il trader in commodities adopera le materie prime a copertura del rischio e per diversificare il portafoglio ed in genere, in questo ambito, si riesce a massimizzare il trading a parità tra capitale e rischio.

- trading in azioni, che è proprio di chi compra azioni in una società avendo come punto di riferimento un focus sul mercato più che sulla società e cerca di trarre guadagno dalla volatilità del costo con negoziazioni di compravendita che possono variare dai pochi secondi ad intere settimane. Da questo si evince che il trader in azioni ha come pane quotidiano le analisi riguardanti la variabilità di domanda ed offerta. Ma quello che davvero caratterizza il trader in azioni è il fatto che riesca a commercializzare le emozioni, facendo leva sull'emotività degli investitori, ad esempio scommettendo contro la massa quando si verificano movimenti di una certa importanza.

CAPITOLO 4
GRAFICI, INDICATORI E
TERMINOLOGIE

Una buona analisi permette al trader di avere successo e di accaparrarsi dei guadagni. L'analisi tecnica, lo studio, la preparazione e la conoscenza degli strumenti è la base per poter ottenere una performance di successo.

L'analisi tecnica indica una serie di discipline che studiano l'andamento dei mercati finanziari nel passato per prevederne l'andamento futuro.

Essa è quindi fondamentale e consiste nell'atto di studiare e di analizzare i movimenti dei prezzi degli strumenti finanziari sui mercati, affidandosi all'analisi dei grafici di riferimento perché una analisi di questo tipo consente di individuare i trend dei prezzi. Uno studio approfondito ed un'analisi attenta sono il punto di partenza per il trader che può così scegliere i momenti migliori per negoziare sui mercati.

Esistono diverse tipologie di grafici, che i traders possono sempre visualizzare in modo completamente gratuito, attraverso i siti web e blog.

• Come si legge un grafico azionario

Un grafico azionario corrisponde alla rappresentazione grafica del costo di un titolo in un determinato periodo di tempo e corrispondono all'essenza dell'analisi tecnica.

La lettura dei grafici azionari e la loro analisi può migliorare enormemente le capacità di investimento di un trader.

A prima vista, un grafico azionario può apparire incomprensibile al neofita ma la sua interpretazione non è astrusa come si potrebbe credere e fornisce la conoscenza di base dei mercati che è principio e fondamento di un trading di successo.

A seconda delle aspettative e delle prerogative di un trader, nonché a seconda del tipo di operatività che il trader vuole effettuare, possono esserci grafici diversi.

Ogni grafico è unico ed ha uno scopo preciso, sarà lo stile di trading a determinare quale è più adatto all'utilizzo da parte di un trader. Per avere una completa comprensione dei grafici, occorre iniziare dall'indicare quelli che sono elementi comuni a tutti loro:

1. sezione di identificazione;

2. orizzonte temporale, detto timeframe;

3. il volume;

4. asse x;

5. asse y.

Esistono tre diversi tipi di grafici azionari:

-    I grafici a candela (detti candlestics graphics), detto anche grafico a candele giapponesi, che è l'analisi tecnica che può essere utilizzata in tutti gli orizzonti temporali e particolarmente adatta a coloro che cercano investimenti sul lungo termine come anche a coloro che effettuano transazioni di day trading.

Per quanto assurdo possa sembrare, lo stile grafico utilizzato in questo tipo di analisi tecnica è rimasto pressoché invariato da oltre cento anni.

Il punto di forza di questo tipo di grafico consiste nel riuscire a rendere in modo molto esauriente l'andamento dei mercati, nonché in un enorme potenziale nel riuscire a ridurre i rischi di investimento,

37

se utilizzato in maniera adeguata.

Il grafico a candele potrà non sembrare simile ad un classico grafico a barre, ma da una attenta analisi si evince che queste *candele* indicano elementi di mercato come il prezzo di apertura, il costo minimo, il costo massimo ed il prezzo di chiusura.

Nel *corpo reale,* ovverosia la sezione più ampia del grafico, si trovano i dati che mostrano le differenze di costi tra apertura e chiusura in un giorno specifico.

Un grafico a candele è molto semplice da comprendere anche perché nacque con il preciso scopo di risultare più leggibile rispetto alle altre rappresentazioni grafiche di analisi tecnica.

La lunghezza della barra corrisponde alla differenza di costi tra apertura e chiusura mentre il colore delle candele indica se quel determinato titolo è andato a scendere oppure a salire nel giorno indicato.

La centenaria tradizione di questa rappresentazione grafica vorrebbe che il colore delle candele sia bianco oppure nero ma oggi i traders propongono grafici in cui le candele siano verdi e rosse, sia per il banale motivo che sono colori più vivaci e quindi più belli da vedere sia perché impediscono a chi li consulta di confondersi, in quanto una candela rossa indica un prezzo in discesa (ribasso) mentre una candela verde indica un prezzo in salita (rialzo). Per dare una spiegazione più precisa, il grafico mostra una candela verde quando il costo di chiusura è superiore a quello di apertura e, dunque, il colore verde indica un guadagno; quando invece il grafico mostra una candela rossa è perché indica come il costo di chiusura sia inferiore a quello di apertura e, di conseguenza, il colore rosso indica una perdita.

Quando il titolo azionario sale, la parte superiore della barra indica il prezzo di chiusura e la parte inferiore della barra indica il prezzo di apertura; se il valore del titolo quel giorno è calato, sarà al contrario.

Le linee che si estendono sopra e sotto il corpo della candela indicano i picchi del costo raggiunti nell'arco della giornata se la candela è giornaliera, nel giro di un'ora se la candela è oraria;

-   I grafici a barre, che sono quelli più utilizzati dai traders per osservare le variazioni di prezzo di un titolo ad intervalli prestabiliti. Un grafico a barre si può impostare in modo che mostri dettagli orari oppure per altri timeframes scelti dal trader.

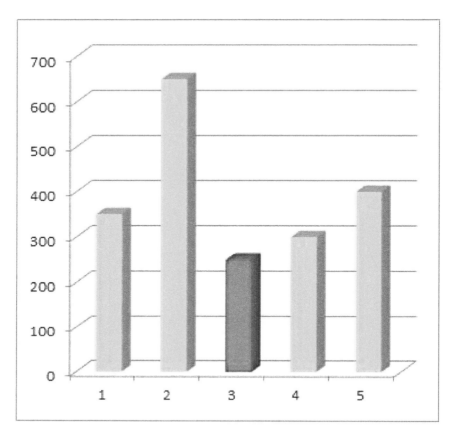

Questo tipo di grafico si basa sull'utilizzo di linee verticali per indicare al trader l'andamento del titolo nell'arco temporale prestabilito.

Le barre fanno riferimento al costo di apertura, minimo, massimo e costo di chiusura e questi dati, una volta acquisiti, vengono utilizzati per identificare modelli di trading e tendenze.

Nella parte superiore della barra viene indicato il prezzo più alto mentre nella parte inferiore della barra viene indicato il prezzo più basso ed entrambe queste informazioni vengono visualizzate sui lati opposti della barra con i costi di apertura a sinistra ed i costi di chiusura a destra.

Proprio come i grafici a candela, anche i grafici a barre offrono assai più informazioni rispetto ai comuni grafici a linee e sono di una consultazione molto più esaustiva ed al contempo efficace;

- I grafici a linee, che sono di certo quello meno amati dagli traders ma anche quelli più elementari.

I grafici a linee rappresentano la variazione dei costi per ciascun segmento di mercato per un dato periodo di tempo.

I grafici a linee vengono adoperati per la maggiore dai traders che attribuiscono maggiore importanza al prezzo di chiusura di un titolo.

D'altronde, quando un trader presta tutta la sua attenzione al solo costo di chiusura, con questo metodo ad essere tralasciate sono le oscillazioni intra-day, ovvero quelle verificatesi durante la giornata, e questo non è sempre auspicabile…

I traders possono anche utilizzare i grafici a linee quando non siano disponibili informazioni come prezzo di apertura, massimo e minimo, perché permettono a chi li consulta di raccogliere informazioni soddisfacenti circa la storia del costo di un determinato titolo.

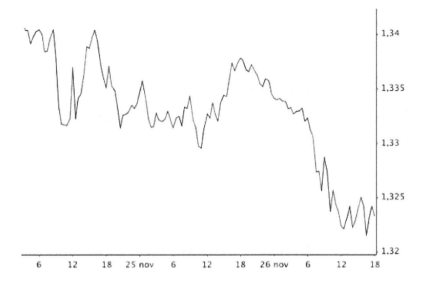

L'indicatore utilizzato più spesso per i grafici in ambito finanziario ed economico è l'indicatore DMI, che consiste in un Indice di Movimento Direzionale e che non dà indicazioni di acquisto oppure di vendita ma viene utilizzato nell'analisi tecnica per la scelta delle tempistiche sulle posizioni da assumere al momento.

Le tre tipologie di grafici più utilizzate sono:

- il grafico intraday con base oraria, che è il grafico più adatto da utilizzare per chi vuole operare trading giornaliero senza però effettuare transazioni di scalping. Ed ogni candela corrisponde ad un'ora.

42

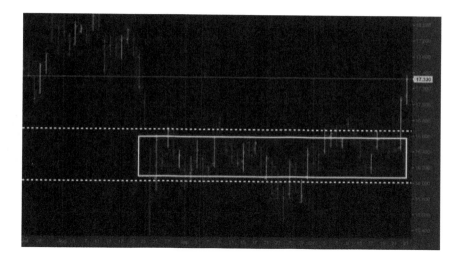

In genere, per avere un quadro più ampio, il grafico intraday con base oraria è visualizzato dal trader ad uno, tre oppure sei mesi. Questo grafico è di particolare utilità anche a chi non pratica la speculazione intraday ma preferisce adoperare la speculazione classica, in quanto dalla sua analisi si possono determinare i momenti più propizi di entrata e di uscita;

- il grafico giornaliero, che è quello più utilizzato dai traders in quanto si rivela particolarmente adatto alla scelta dei titoli azionari da negoziare.

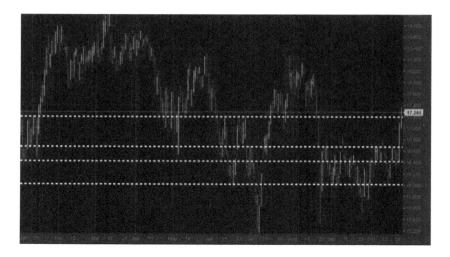

L'andamento di un titolo è indicato dalle linee bianche tratteg-
giate ed è attraverso la consultazione di esso che il trader stabilisce
in che modo negoziare il titolo, stabilisce i target price e generalmente questo grafico è visualizzato a sei, dodici oppure diciotto
mesi

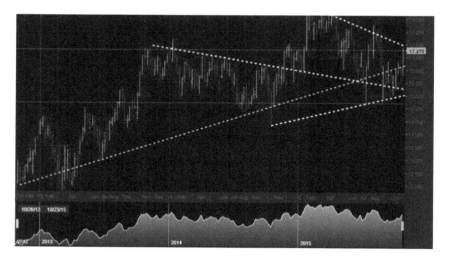

Il grafico settimanale, che generalmente è quello più utilizzato per
determinare la tendenza di un titolo sul medio periodo perché ogni

barra corrisponde ad una settimana ed in genere visualizza uno specchio di tre oppure cinque anni.

Il grafico settimanale è di particolare utilità per determinare le linee di tendenza (trend) che corrispondono alla linea bianca tratteggiata ed esclude i movimenti giornalieri.

CAPITOLO 5
ANALISI TECNICA E ANALISI
FONDAMENTALE

I grafici altro non sono che la rappresentazione schematica dell'analisi tecnica, che si concentra sui movimenti dei costi. L'analisi tecnica si occupa di studiare i grafici per carpire il momento in cui una tendenza si inverte e, dunque, quale posizione assumere sul mercato, se vendere oppure comprare un determinato titolo.

I traders che si limitano alla sola consultazione dei grafici dei costi sono chiamati analisti tecnici.

Gli analisti che appartengono a tale categoria sostengono che tutto ciò che c'è da sapere su un particolare asset, sia esso un'azione, una coppia di valute Forex oppure una materia prima, si riflette già nel costo.

Gli analisti tecnici pianificano i loro scambi e gli investimenti in base alle tendenze dei costi, ai modelli grafici e ad altri indicatori matematici come le medie mobili. Grazie a questo metodo si ha l'opportunità di effettuare investimenti mirati che seguono la tendenza più favorevole dei costi, così da gestire al meglio i guadagni.

Tra gli strumenti utili a questo scopo vi sono anche gli indicatori di trading, basati su formule matematiche e algoritmi automatici. Dallo studio di questi grafici si può capire l'andamento del costo di un titolo e dunque se esso aumenterà in breve, medio oppure lungo termine e di conseguenza il trader può pianificare il proprio operato e decidere se investire, nonché in che modo negoziare e quando farlo.

Questo metodo è di tipo matematico e non lascia spazio alla soggettività ma è basato su elementi scientifici utili a tradurre l'andamento in una proiezione.

L'analisi fondamentale, a differenza dell'analisi tecnica, è utilizzata per determinare la salute economica di un ente finanziario.

L'analisi fondamentale è utilizzata dai traders per valutare una serie di strumenti di trading come azioni, indici, valute e materie prime.

Alcuni traders intendono analizzare fattori economici come il PIL (Prodotto Interno Lordo) di uno Stato, i livelli di disoccupazione presenti in esso se negozia un titolo di stato, mentre intendono verificare la redditività di un'azienda e l'andamento di mercato di un determinato settore prima di prendere una decisione di acquisto oppure di vendita di un determinato titolo azionario.

Questi sono tutti dati fondamentali.

Ogni notizia che arriva dal mondo può influenzare questo tipo di metodologia ed è quindi fondamentale essere costantemente aggiornati. Chi inizia questo percorso può scegliere tra entrambe le opportunità di analisi, ma probabilmente scegliere la via di mezzo è la soluzione che alla lunga può rivelarsi più redditizia. È sicuramente importante seguire le notizie provenienti dallo scenario internazionale che riguardano la politica e l'economia: essere al corrente e rimanere edotti circa le conferenze stampa delle più importanti istituzioni bancarie quando devono annunciare variazioni sui tassi di interesse oppure quando comunicano altre notizie, anche di natura politica, osservare l'oscillazione dei dati sul numero di disoccupati in uno Stato, prendere atto della stabilità del governo di uno Stato sono tutte strategie che potrebbero sembrare superflue al campo dell'economia e della finanza ma sono in realtà di fondamentale interesse per un trader avveduto.

Se ci sono notizie inattese e secondo le quali si possono verificare dei cambiamenti importanti, come ad esempio una rivoluzione, i traders più smaliziati e che sanno adoperare al meglio tutti gli strumenti di analisi, possono verificare ciò che accade dopo il rilascio della notizia, per rendersi conto se la tendenza di mercato stia davvero cambiando, oppure se lo scoppio di notizie roboanti corrisponda solo ad un evento banale.

Se un grafico riporta variazioni di tendenza legate a qualche notizia inaspettata in modo troppo ritardatario rispetto al suo avvenimento vuol dire che il mercato, chiaramente, non ritiene la notizia così rilevante.

Per quanto possa sembrare un'ovvietà, tenere sempre sotto osservazione i grafici permette al trader di rendersi conto davvero di ciò che succede al mercato.

Chi invece si limita a seguire la tendenza delle notizie è legato sempre e solo a un giudizio sommario che non è detto venga confermato da dati oggettivi.

L'approccio misto, in cui si utilizza sia l'analisi tecnica che l'analisi fondamentale, può anche aiutare a confermare le tendenze.

Se, ad esempio, la maggior parte delle persone si aspetta un aumento dei tassi d'interesse in un determinato Stato ma esso non arriva, la valuta di quel particolare Stato di solito si ritrasferisce. Se il valore di quella valuta continua a salire, può essere un segno che ci sono altri fattori in gioco e l'elemento del tasso di interesse non è così importante.

• Le medie mobili e l'oscillatore MACD

Per medie mobili si intendono degli algoritmi matematici, che consentono di ricavare un indicatore sintetico dell'andamento del costo di uno strumento finanziario.

Dal punto di vista puramente matematico, questo indicatore si definisce una media di una determinata quantità di dati, ovvero i costi di un asset finanziario, rispetto ad un arco temporale definito mobile, poiché considera soltanto le ultime 'N' rilevazioni in ordine temporale.

Infatti, nel calcolo di una media mobile il numero di elementi, ovvero i costi, è un dato fisso mentre la finestra temporale considerata avanza: il dato più vecchio della serie viene sostituito ogni giorno con quello nuovo. Questo calcolo matematico fa in modo che la media si muova in progressione con l'andamento del costo del titolo oggetto del calcolo.

In genere il calcolo di una media mobile prende in considerazione i costi di chiusura di una giornata di Borsa, ma possono essere utilizzati anche i massimi, i minimi, oppure i valori di apertura della giornata.

Questo ragionamento vale anche per i timeframe utilizzati: una media mobile può essere calcolata anche su un grafico con candele settimanali, mensili, orarie. In tal caso gli 'N' periodi considerati da ciascuna media mobile riguarderanno proprio l'arco temporale rappresentato dalla singola candela oppure dalla singola barra del grafico.

Il Moving Average Convergence/Divergence (MACD), ossia *convergenza e divergenza di medie mobili*, è uno degli oscillatori più utilizzati in analisi tecnica, poiché fonde nella sua costruzione diversi principi fondamentali dell'analisi tecnica.

Per costruire il MACD occorrono tre medie mobili esponenziali, ovvero tre linee, anche se sul monitor ne verranno visualizzate solamente due, poiché una coppia delle tre appena citate è utilizzata solo per calcolare la loro differenza.

La prima media mobile, quella più veloce, viene calcolata a 12 periodi; quella più lenta invece è a 26 periodi.

Queste due medie mobili vengono sottratte fra loro per calcolarne la differenza che sarà quindi rappresentata graficamente da una sola linea.

Per generare segnali è stata introdotta la terza linea, ovvero una media mobile esponenziale, solitamente a 9 periodi, della precedente differenza.

In sostanza, si hanno dunque due linee:

MACD=EMA12-EMA26, dove EMA sta per media mobile esponenziale;

SignalLine=EMA9[MACD]}, ovvero una media mobile esponenziale della linea di MACD.

Nonostante l'oscillatore MACD sia diventato un punto di riferimento per molti analisti, si suggerisce vivamente di adattarlo al mercato in cui viene utilizzato perché, proprio per la sua costruzione, il MACD permette di ottenere segnali più tempestivi abbassando il numero di periodi presi in considerazione dalle due medie mobili, veloce e lenta, da cui si calcola la differenza, oppure smussare maggiormente l'andamento mediante un aumento di tali valori. Ovviamente può essere modificata anche la media mobile esponenziale della differenza, chiamata Signal Line, ovvero linea di segnale.

Questa costruzione particolare del MACD sfrutta principi base di differenti oscillatori; il calcolo della differenza fra due medie mobili di diverso periodo richiama all'attenzione per la somiglianza con la formula del *momentum*: anziché confrontare il prezzo di chiusura con quello di X periodi precedenti, viene confrontata una media più veloce rispetto a una più lenta. Il concetto alla base non cambia, ma l'utilizzo delle medie mobili permette maggiore personalizzazione e adeguamento in base al mercato e alle situazioni in cui si trova. Sempre grazie all'uso delle medie mobili è semplificata l'individuazione dei segnali di entrata oppure di uscita.

CAPITOLO 6

TECNICHE DI MONEY MANAGEMENT E GESTIONE DEL TEMPO EFFICACI

Il termine money management è usato in italiano per indicare la gestione del rischio.

Si usa questa terminologia per riferirsi alla gestione del denaro che, puntando alla massimizzazione del profitto, cerca nello stesso tempo di diminuire potenzialmente la perdita.

La gestione del rischio si divide in gestione del rischio vera, che analizza il rischio legato alla posizione assunta sul mercato e la position sizing che individua il capitale da investire in ogni transazione aperta sul mercato.

I punti fondamentali che costituiscono le basi del money management sono la disponibilità di capitali adeguati allo strumento finanziario utilizzato, un rischio limitato a non più del 2-3% del portafoglio per ogni singola transazione

A questo proposito, il trader avveduto, dopo avere assunto una posizione sul mercato, ricorre ad un utilizzo dello stop-loss; esso consiste in una strategia finalizzata a salvaguardare il capitale investito, nel caso in cui l'andamento dei mercati andasse in direzione contraria alle aspettative iniziali.

Inoltre occorre una ottimale definizione del rischio massimo per il portafoglio (detto drawdown): nel caso in cui dovessero scattare contemporaneamente tutti gli stop-loss impostati, il trader deve conservare una quota di capitale sufficiente per continuare ad operare sul mercato.

Altro elemento fondamentale è la quantificazione del rischio attraverso un corretto calcolo del risk/reward: secondo questo principio, per ogni unità di rischio si deve calcolare un target di 2-3 unità di rendimento e senza contare che per attuare tutto questo occorre una conoscenza approfondita del mercato in cui si intende investire.

L'esito di ogni transazione deve essere considerato in modo indipendente da quello della transazione precedente e deve esserci chiusura di una parte delle posizioni aperte in caso di profitto.

La gestione del tempo è personale e quindi non esiste una vera e propria regola, ma è necessario fare attenzione a mantenere la mente libera e un atteggiamento deciso e sicuro.

Se al trader capita di pensare che la giornata è volata via e non ha fatto nulla di quello che avrebbe dovuto oppure voluto fare, se ad un trader capita di chiedersi dove siano finite quelle 24 ore che aveva a disposizione al risveglio, la prima cosa che deve fare è capire come gestire al meglio il proprio tempo.

Per quanto riguarda il modo in cui spende il proprio tempo, è fondamentale per un buon trader organizzare la giornata lavorativa in modo da avere ben chiaro il numero di ore da dedicare al lavoro ed agli obiettivi giornalieri, settimanali e mensili.

Ci sono due caratteristiche fondamentali per distinguere la necessità di usare del tempo: l'urgenza e l'importanza.

Cosa molto importante è imparare a distinguere tra le due cose. L'urgenza è tutto ciò che richiede un'attenzione immediata: un figlio che chiama, il cliente che entra, il citofono che suona, la notifica che arriva.

L'importanza è tutto ciò che è legato ai risultati, ai valori, agli obiettivi che si intende ottenere. Non sempre le faccende urgenti sono anche importanti, anzi, il più delle volte sono importanti per alcune persone ma non per altre.

Di solito si tende a reagire alle urgenze e a rimandare le faccende importanti perché le cose importanti richiedono sforzo, richiedono attenzione, cura e richiedono soprattutto azioni reali. E di 24 ore in 24 ore semplicemente viene più facile lasciarsi distrarre dalle cose urgenti, raccontandosi che sono anche importanti.

Per capire meglio come fare la differenza tra le cose urgenti da quelle importanti è bene fare riferimento al modello classico, la matrice di Eisenhower ed a come le attività della giornata, secondo lo schema di Eisenhower, si possono dividere tra:

- importanti e urgenti;

- urgenti ma non importanti;

- non importanti ma urgenti;

- non importanti e non urgenti.

Occorre utilizzare queste voci per comporre uno schema scrivendo ogni attività della giornata in un riquadro per ciascuna di queste di esse perché questo aiuta a capire cosa fare e soprattutto a cosa dare priorità.

Gli strumenti del trader sono i grafici e gli indicatori di prezzo, ma anche il pc e la connessione a internet sono fondamentali, quindi dovrà essere fornito di una strumentazione adeguata perché la rapidità con cui il trader riesce a interagire online può fare la differenza.

Nel momento in cui il trader si sente sicuro sulla parte teorica può passare all'atto pratico, ma è necessario fare esperienza e usare cautela perché è importante ricordare che l'attività di trading incide sempre sulle condizioni finanziarie di chi la esercita.

Per questo molte piattaforme di trading offrono agli utenti l'opportunità di iniziare con un account demo, grazie a cui i neofiti possono imparare la negoziazione online senza subire reali perdite finanziarie in caso di errore.

Uno dei tratti distintivi del trader di successo è la peculiare pianificazione di ogni mossa: ogni giorno in cui ci si approccia alle negoziazioni online è importante seguire un piano di trading molto preciso: non importa seguire regole ferree in maniera robotica, ma avere a disposizione un buon piano è necessario per muoversi sui mercati diminuendo i rischi.

La gestione delle priorità è importantissima per un buon trader. Fondamentale è poi il non farsi vincere dall'emotività e dunque lasciarsi prendere dall'emozione oppure da sbalzi di umore legati alla

58

perdita ed al profitto.

Un trader deve lavorare per le ore che si è prefisso di dedicare al trading, mantenendo vivi i propri programmi e gestendo i propri obiettivi a lungo termine senza mai chiudersi nell'osservazione degli obiettivi a breve termine nonché andando oltre analizzando li vari contesti e tirando le somme alla fine della settimana, del mese oppure dell'anno.

• Il position sizing

Il position sizing è uno degli strumenti più utilizzati per gestire al meglio il proprio capitale e consiste, in parole povere, nel determinare la quantità di denaro da investire in ogni singola transazione, in base al capitale posseduto.

Questa strategia offre l'opportunità al trader di calcolare sin da subito il rischio legato alla strategia che sta utilizzando.

Per calcolare il position sizing occorre innanzitutto determinare il punto di entrata sui mercati e, per fare questo, si deve tenere bene presente il concetto di PIP (Percentage In Point) che consiste nel più piccolo movimento di prezzo di un qualunque asset (azione, titolo di stato, coppia di valute su Forex, ecc.); in gergo tecnico quando un costo sui mercati varia si dice che ci sono state variazioni di pips.

La formula per calcolare il position sizing consiste dunque:

1. nel calcolare quanti pips ci sono stati tra il punto di entrata e lo stop-loss, ovvero un meccanismo strategico con cui si focalizza su un probabile punto dell'andamento dei mercati ed in cui, nel caso

dovesse verificarsi, si decide di porre fine ad una posizione che perde di valore, perché non sta seguendo l'andamento previsto dal trader;

2. stabilire quale cifra in denaro si intende investire;

3. calcolare il valore di un pip in denaro.

Occorre però prestare molta attenzione al fatto che ogni strumento finanziario ha valori differenti in denaro per ogni pip e dunque occorre conoscere sin da subito il suo costo effettivo.

La position sizing offre la più grande padronanza del rischio ed è lo strumento più utilizzato ed apprezzato dai traders di successo, tanto che molti brokers offrono ai propri clienti l'opportunità di poterlo calcolare con degli strumenti appositi.

Tutto ciò che occorre fare è rispettare la position sizing e lo stop-loss per non mettere a rischio il proprio denaro.

Tra i modelli di ottimizzazione del position sizing possono essere citate la Formula di Larry Williams e la Formula di Kelly.

• La Formula di Larry Williams

La formula di Larry Williams è una strategia di money management utilizzata in modo particolare per quanto riguarda i futures e calcola il numero ottimale di contratti/azioni da negoziare per assumere una posizione sul mercato corrispondente alla percentuale di rischio massimo che un trader si è prefissato. Questo parametro è però aleatorio, poiché la tolleranza media al rischio è un parametro soggettivo e dunque, cambiando questo parametro, i risultati generati dal sistema saranno diversi.

La formula di calcolo è:

$$n = (c * p) / d$$

dove c corrisponde al capitale da investire, p corrisponde alla percentuale di rischio massimo che il trader si prefissa e d corrisponde alla più grande perdita che il trader che la calcola ha subito in passato.

Il più grande vantaggio della formula di Larry Williams è che, anche se basata su un algoritmo matematico, consente di operare in maniera del tutto soggettiva perché la propensione al rischio è del tutto personale ed anche questa ha dei valori di riferimento espressi in percentuali: una percentuale di rischio tra il 2% ed il 5% indica un basso rischio, una percentuale che oscilla tra il 10% ed il 15% indica un rischio medio ed una percentuale compresa tra il 20% ed il 25% indica un approccio aggressivo.

• La Formula di Kelly

La formula di Kelly è di inestimabile valore per un trader che voglia tenere a bada il rischio negli investimenti.

John Kelly, nell'elaborazione di questa formula, ha ottenuto il merito di dare forma e valore reali al concetto di rischio, offrendo una risorsa incredibile al money management.

La formula di calcolo è:

$$W - ((1 - W) / R)$$

Laddove W corrisponde alla probabilità di vincita e si ottiene dividendo il numero di trades (negoziazioni) vincenti per il numero di trades totali sempre sullo stesso asset;

R corrisponde al rapporto tra la vincita media e la perdita media.

La formula di Kelly mostra la grandezza massima di rischio per ciascuna posizione mettendo in relazione la probabilità di vincita con la vincita media e la perdita media.

Naturalmente, parametri come vincita media e perdita media sono da ricercare negli storici dei propri trades e dunque corrispondono ad un campionario personalissimo e che appartiene ad ogni singolo trader.

Il risultato della formula di Kelly è sempre un numero compreso tra 0 ed 1 che dovrà essere poi convertito in percentuale: se ad esempio l'applicazione della formula restituisce 0.03, il risultato si deve convertire in 3% e questo sta a significare che, su quel determinato asset, occorre investire al massimo il 3% del proprio capitale.

Nel fare un esempio reale, si ponga il caso che un trader voglia negoziare il cambio Euro/Dollaro sul Forex trading: ci sono state 12 transazioni vincenti su un totale di 20 transazioni.

Per calcolare il W occorre dividere il numero di transazioni vincenti con il numero di transazioni totali e quindi occorre calcolare 12 / 20 = 0,6.

Si ponga poi il caso che la media di tutti i guadagni (gain) sia 400 e la media di tutte le perdite (loss) sia 500, per ottenere R occorre calcolare il loro rapporto che è 0,8.

Inserendo questi valori nella formula risolutiva di Kelly, si ottiene un risultato che, convertito in percentuale, indica il 10%.

Ciò sta ad indicare che la percentuale massima del capitale investibile su questo determinato asset è del 10%.

CAPITOLO 7
STRATEGIE OPERATIVE SU FOREX, TRADING CFD E AZIONI FUTURE

Oggi come oggi le tipologie di trading online più diffuse fra i traders professionisti e principianti sono il Forex trading, il trading CFD e le azioni future.

Per Forex trading, sigla che sta ad indicare il *Foreign Exchange Market* che è il mercato di scambio di valute straniere, si intende una disciplina concentrata sul solo asset di coppie di valute, all'interno del suo circuito avvengono scambi contemporanei che comportano l'acquisto di una valuta e la vendita di un'altra.

Il mercato del Forex è il più grande al mondo e registra uno scambio giornaliero che si aggira intorno ai sei trilioni di dollari, datosi che è il mezzo tramite il quale le aziende, gli istituti bancari oppure anche i singoli trader accedono per negoziare il cambio di una valuta in un'altra in ogni parte nel mondo.

Il mercato del Forex è aperto ventiquattro ore al giorno, per cinque giorni alla settimana.

Può capitare che questa operazione venga effettuata a puri fini speculativi ma può avvenire anche per necessità: si pensi ad una banca che partecipa ad una transazione internazionale e riceve un pagamento in una valuta a lei straniera.

La frenesia quasi caotica con cui ogni giorno vengono convertite tantissime valute rende le oscillazioni di prezzo di alcune di esse molto variabili, ma è proprio questa variabilità che attrae investitori. Tutta questa attrattiva da parte degli investitori è dovuta anche al fatto che, nel Forex trading, non ci sono costi nascosti: i costi di mediazione per questo trading sono molto bassi ed un broker che lo offre come servizio, in genere, non chiede commissioni perché le spese vengono incluse nello spread e quindi chi investe sa sempre a cosa va incontro.

Contrariamente a quanto avviene con gli altri mercati, il Forex è caratterizzato dal fatto che il cambio valuta avviene su qualunque mercato sia aperto in quel momento e quindi non esiste un vero e proprio mercato centralizzato per il Forex.

A questo si sopperisce con il fatto che gli scambi tra le due parti avviene tramite un network detto OTC, sigla che sta per Over The Counter, che funziona tramite una rete globale di banche distribuita sui quattro principali centri di trading sparsi in differenti fusi orari: Londra, New York, Sydney e Tokyo.

Il Forex trading è sempre operativo proprio perché segue il fuso orario globale, dunque c'è sempre opportunità di operare in qualunque istante.

A tutto questo c'è da aggiungere che il Forex trading offre l'opportunità di trarre guadagno sia da mercati rialzisti che ribassisti perché, a differenza di altri mercati, non ci sono restrizioni né costi ulteriori per vendite allo scoperto.

Esistono due differenti tipi di mercati forex basati sulle finestre temporali:

-   lo spot, che consiste nello scambio fisico di una coppia valutaria ed è un tipo di transazione in cui lo scambio di valute si compie nello stesso momento in cui la compravendita viene negoziata oppure comunque entro termini brevi;

-   il forward, che è un contratto in cui la vendita oppure l'acquisto di una determinata cifra di denaro in una determinata valuta viene fissato ad un prezzo preciso ed entro una certa data futura.

Seppure il Forex trading ed i futures costituiscano due ambiti del tutto diversi, molti utenti tendono ad accomunarli. Questo però risulta essere il frutto di una linea di pensiero molto superficiale e confacente ad un neofita disattento, che a causa di tale concezione erronea può commettere gravi errori di strategia.

La definizione di futures è del tutto differente da quella del Forex trading, in quanto i futures consistono nella negoziazione di contratti in cui le parti stabiliscono di comprare oppure vendere un determinato bene (asset) ad un costo preciso ed a una data precisa.

L'asset oggetto del contratto di future può corrispondere ad un qualunque bene tangibile e fruibile sul mercato, come ad esempio le arachidi il cui costo è molto negoziato sul mercato statunitense.

Quindi chi acquista il contratto di future cerca di prevedere l'andamento del costo di mercato dell'asset che è oggetto del contratto, sperando poi di rivendere ad un costo superiore di quello di acquisto.

Primariamente, nel mercato valutario i costi sono determinati dalla contrapposizione tra domanda ed offerta mentre nei futures i costi vengono definiti direttamente in sede di Borsa.

Inoltre, nel Forex trading non vi sono commissioni da pagare mentre nei futures sono spesso presenti impatti commissionali di cui occorre tenere conto, se si intende definire con precisione la propria strategia di trading.

Inoltre, nel Forex trading la liquidità è data dall'abnorme numero di transazioni che avvengono in tutto il mondo, garantita dai brokers a cui i traders si rivolgono mentre nei futures queste garanzie crollano e si corre il rischio di non riuscire ad adempiere al proprio contratto nei tempi utili.

Altra peculiare differenza sta nel fatto che gli investimenti minimi nel Forex trading sono veramente bassi e corrispondono a poche decine di euro, per contro nei contratti futures gli investimenti minimi acquisiscono una dimensione più importante e raramente si trovano asset il cui costo è inferiore a qualche migliaia di euro.

• Il trading CFD

Il trading CFD (*Contracts For Differences – Contratti per Differenze*) è stato creato con lo scopo di dare opportunità ai traders di usufruire di tutti i benefici derivanti da una posizione su uno strumento finanziario senza possederlo fisicamente.

Quando un trader entra in un CFD ad un dato costo di apertura dei mercati, la differenza tra quest'ultimo ed il costo di chiusura del

CFD viene pagata in contanti.

Il trading CFD offre una validissima alternativa ai classici investimenti grazie alla sua capacità di massimizzare gli investimenti di capitale e quindi con esso c'è un esponenziale aumento del guadagno potenziale ma la stessa cosa avviene anche per le perdite.

Questo particolare tipo di negoziazione è diventato molto popolare negli ultimi anni, anche e soprattutto grazie all'operato di brokers di fama internazionale che offrono protezioni sul saldo in negativo ai propri clienti, limitando non poco le probabili perdite.

I CFD sono strumenti derivati la cui operatività nasce dalla cooperazione tra broker ed investitore, per negoziare su un campo pressoché inesauribile di assets, come indici azionari, criptovalute e materie prime.

Con i CFD, a differenza di altre forme di trading, occorre un capitale minore per potere aprire una posizione ed ogni trader può aprirne di diverse sia che il prezzo del bene sia in ribasso oppure in rialzo; questo consente di sfruttare tutte le opportunità di guadagno offerte dal mercato.

Inoltre, con i CFD il trader opera in totale autonomia e quindi i prezzi delle provvigioni di intermediazione sono molto basse.

Nel caso in cui ci si rivolga ad un broker, occorre sapere che il guadagno di quest'ultimo deriva dallo spread (che consiste nella differenza tra il costo, la quotazione, il tasso di interesse oppure il rendimento di due strumenti finanziari) che può variare in base all'asset che si sta negoziando.

Per operare nel trading CFD occorre semplicemente essere muniti di un pc oppure di uno smartphone nonché di una connessione internet stabile e veloce per poi iscriversi ad una piattaforma di trading online, non prima di essersi accertati, però, che la stessa sia autorizzata dalla CONSOB.

Per scegliere in maniera più accurata è sempre bene provare più di una piattaforma, in particolare quelle che offrono l'opportunità di aprire un conto demo con cui iniziare a fare pratica ed accumulare innanzitutto esperienza personale ma anche per rendersi conto dei servizi offerti dalle diverse piattaforme di trading.

• La leva finanziaria ed altre strategie operative per il trading CFD

Con i contratti CFD che utilizziamo si utilizzare la leva finanziaria, che costituisce però un'arma a doppio filo.

La leva finanziaria, in poche e semplici parole consente di mettere una vera e propria *leva* al proprio capitale per consentire al trader di movimentare più volume rispetto a quello di base che può utilizzare.

Sulla borsa vengono utilizzati i lotti, che consistono in un'unità di misura per definire la dimensione minima di capitale negoziabile dei mercati finanziari.

Un lotto si riferisce a una classe di asset oppure di strumenti finanziari, ma il suo significato specifico e il suo uso variano da mercato a mercato.

Vi sono 3 tipi di lotti principali:

- Lotto standard: Il valore nominale di 1 lotto (1,0) è di 100.000 $ e questo significa che senza alcuna leva per aprire un trade da 1 lotto dovremmo avere a disposizione 100.000$ sul conto, nel caso di 2 lotti 200.000 $ e così via;

- Minilotto: il valore nominale di 1 minilotto (0.10) è di 10.000$ e questo significa che senza leva per aprire un trade da 1 minilotto (0.10) dovremmo avere 10.000 $ a disposizione;

- Microlotti: il valore nominale di 1 microlotto (0.01) è di 1.000$ e questo significa che senza alcuna leva possiamo aprire un trade solo se abbiamo a disposizione 1.000$ sul conto.

E' qui che entra in gioco la leva finanziaria ma occorre ricordare che ci sono innanzitutto diversi tipi di leve, che possono variare in base al broker.

Di solito, si passa da leva 1:10, 1:25, 1:50, 1:100, 1:500, laddove 1 corrisponde al proprio capitale e 10, 25, 50, 100, 500 corrisponde alla leva, ovvero l'esponente per cui moltiplicarlo.

La leva permette di aumentare il volume di scambio potenziale.

Per fare un esempio: nel caso si abbia una cassa di 500$ e una leva di 1:50, si potrebbe movimentare un volume pari a 500$ (capitale) x 50 (leva) = 25.000$.

In questo caso si potrebbe aprire una transazione massima di 0.25 lotti, ovvero 2,5 minilotti.

La leva finanziaria costituisce un'arma a doppio filo perché se è vero che consente di movimentare più soldi di quanti siano presenti nel capitale di un trader, lo fa sia in caso di esito positivo, aprendo le porte ad un ottimo guadagno, sia in caso di esito negativo, provocando perdite molto ingenti: per questo occorre un money management costituito da una disciplina adamantina.

Le direttive europee per i servizi finanziari hanno vietato le opzioni binarie e limitato la leva finanziaria per quanto riguarda i CFD e le leve finanziarie concesse attualmente sono queste:

Forex trading: Leva <= 30:1

Materie prime e indici: Leva <= 20:1

Azioni: Leva <= 5:1

Criptovalute: Leva <= 2:1

Tutto questo a causa della enorme mole di pubblicità ingannevoli e delle tante persone che hanno abboccato ed investito in maniera troppo avventata, perdendo i loro risparmi.

La leva finanziaria può dunque definirsi come la più efficace strategia operativa per i CFD in quanto consente di ottenere una alta esposizione sul mercato pur disponendo di un basso capitale.

Le altre strategie operative per il trading CFD si suddividono in:

- Intraday trading che consiste nell'operare nell'arco delle ventiquattro ore e non lasciare posizioni aperte dopo la chiusura dei mercati, anche per ridurre i costi di gestione che sarebbero troppo elevati se si mantiene una posizione aperta anche di notte. Con questo tipo di strategia si cerca di generare guadagni veloci usufruendo dei piccoli movimenti di prezzo durante il giorno. Questa strategia è adatta al trader a tempo pieno che riesce a dare un'attenzione pressoché costante ai mercati;

- Position trading che consiste nel mantenere in maniera costante una data posizione. Va da sé che il trader di posizione, rispetto al daily trader, effettuerà un numero asssi inferiore di scambi.

- Trading di tendenza in cui, come suggerisce il nome, si cerca di trarre guadagno dalle tendenze del mercato e questo avviene con l'apertura di posizioni che verranno mantenute operative fino a quando la tendenza del mercato indicherà di continuare a farlo, quindi può rivelarsi una strategia a breve, medio oppure lungo termine;

• Esempio di trading CFD

In una transazione di trading CFD, il guadagno oppure la perdita si basano sulla differenza tra il prezzo di entrata e il prezzo di uscita della negoziazione.

Occorre ricordare che i prezzi sono sempre quotati in modo che il prezzo a sinistra sia il costo di vendita e quello di destra il costo d'acquisto.

Per porre un esempio, supponiamo che la Pinco Pallino S.p.A. sia quotata a 1599/1600p.

Supponiamo che un trader intenda comprare 1000 CFD unità azionarie perché prevede che il valore salirà.

Pinco Pallino S.p.A. ha un tasso di margine di Classe 1 pari a 5%, il che significa che è sufficiente depositare solo il 5% del valore totale della posizione come Margine di Posizione.

Pertanto, in questo esempio il Margine di Posizione sarà pari ad 800€ (5% x (1000 unità x 1600p prezzo d'acquisto)) Occorre ricordare che se il prezzo si dovesse muovere contro il trader, questi potrebbe perdere più del suo Margine di Posizione iniziale di 800€.

Nel caso di una negoziazione redditizia, la previsione si rivela corretta e il prezzo sale entro l'ora seguente a 1625/1626p.

Il trader decide quindi di chiudere la negoziazione vendendo a 1625p (il nuovo prezzo di vendita).

Il prezzo si è mosso di 25 pips (1625 - 1600) in suo favore. Occorre moltiplicare questo numero per la dimensione della posizione del trader (1000 unità) per calcolare il profitto, che sarà pari a 250€.

Nel caso di una negoziazione in perdita, la previsione del trader si rivela errata e il prezzo di Pinco Pallino S.p.A scende entro l'ora seguente fino a 1549/1550p.

Il trader prevede che il prezzo possa continuare a diminuire, quindi per limitare le perdite decide di vendere a 1549p (il nuovo prezzo di vendita) per chiudere la negoziazione.

Il prezzo si è mosso di 51 pips (1600 - 1549) in sfavore del trader.

Occorre moltiplicare questo numero per la dimensione della sua posizione (1000 unità) per calcolare la perdita, che sarà pari a 510€.

Occorre sempre ricordare che i requisiti di margine sono applicabili solo per guadagnare al netto le posizioni aperte.

Per quanto riguarda le commissioni, i CFD Azionari prevedono una commissione per ogni negoziazione.

In Italia, una negoziazione costa 10 punti (0,10%), con una commissione minima di €5 per negoziazione.

Per determinare il costo della commissione da pagare, occorre moltiplicare la dimensione della propria posizione per il tasso di commissione applicabile.

Inoltre, se si mantiene una posizione aperta dopo le ore 23:00 italiane, verrà addebitato un Costo di Mantenimento.

Se la posizione ha una scadenza fissa, il costo sarà incluso nel prezzo del prodotto.

Il tasso di mantenimento applicabile al Costo di Mantenimento si basa su tasso interbancario della valuta in cui il prodotto è denominato.

Ad esempio, UK 100 (sterlina britannica) si basa sul London Interbank Offered Rate (Libor).

Per posizioni d'acquisto, viene addebitato lo 0,0082% in più del Libor, mentre per posizioni di vendita si riceve il Libor meno il 0,0082%, a meno che il tasso interbancario sottostate non sia uguale o minore di 0,0082%, nel cui caso le posizioni di vendita potrebbero incorrere in Costi di Mantenimento.

In genere, un trader può vedere i propri costi di mantenimento storici cliccando sul menù del conto e visitando la sezione Storico.

CAPITOLO 8
ERRORI COMUNI

U n trader desidera impiegare bene il proprio tempo e avere successo, per raggiungerlo deve registrare guadagni in maniera continuativa.

Per evitare errori e avere risultati che durino nel tempo è necessaria una adeguata preparazione, nonché avere la concezione di investire innanzitutto sul proprio tempo e poi investire sul proprio denaro.

Di certo la prima arma da adoperare per evitare errori è la conoscenza, specialmente quella delle basi, che corrisponde all'avere competenza nell'analisi dei mercati finanziari.

Formarsi per acquisire tale competenza equivale a mettere solide basi, che saranno le fondamenta di qualunque strategia di trading.

Questa fase di formazione è molto importante perché più la preparazione del trader sarà precisa e più eviterà rischi, minimizzando i problemi e riuscendo a puntare al rendere sempre più proficui i buoni risultati e, di conseguenza, i guadagni.

La prima cosa da fare è porre l'attenzione all'analisi tecnica perché tale analisi si basa sull'osservazione della ripetizione degli eventi passati e nello stabilire le proprie mosse per capire se ciò che è successo può essere compreso e analizzato in modo da costruirvi una strategia futura.

È ovvio che ogni trader, come ogni libero professionista, ha un suo proprio modus operandi ed una propria forma mentis, ma indispensabile per ognuno di loro che ciascuno analizzi con precisione i propri risultati.

Un grande errore da evitare è proprio quello di cadere in tentazione e farsi soggiogare dall'emotività: un buon trader sa esattamente quanta fatica costi prepararsi e quanta tecnica ci sia dietro al successo.

È fondamentale, dunque, iniziare con piccoli tentativi e registrare tutto come in una forma di diario, per rendersi conto di quali sono le strategie più in linea con il proprio bagaglio culturale e con le proprie capacità intellettuali e solo dopo una attenta analisi delle piccole attività svolte si può stilare una lista delle migliori tecniche per ciascun trader.

Se si decide di usare la strategia che si basa sull'analisi fondamentale è necessario conoscere alcune materie come l'economia, l'analisi dei dati e restare sempre costantemente aggiornati sulle notizie politiche dello scenario internazionale.

I mercati sono volatili e possono cambiare rapidamente e dunque il rimanere aggiornati circa le notizie provenienti dal mondo, anche quelle meno popolari, è di vitale importanza.

L'attenzione alla politica lo è altrettanto proprio perché come gli scenari politici cambiano molto velocemente, altrettanto possono cambiare velocemente gli andamenti di mercato e un buon trader non può assolutamente commettere l'errore di farsi trovare non abbastanza preparato.

La scelta della strategia è il primo e fondamentale passo e solo dopo varie sperimentazioni un trader avveduto riesce a scegliere la propria e la approfondisce, restandole fedele: meglio si conosce la propria strategia e più probabilità si hanno di successo.

Darsi obiettivi settimanali e mensili è utile alla gestione del tempo ma il raggiungimento degli obiettivi coincide con il fatto che è il momento di staccare.

Purtroppo questo tipo di attività può avere risvolti psicologici negativi se non si pongono dei limiti alle ore lavorative oppure comunque di attività dedicate alle negoziazioni.

Il trader, come ogni imprenditore, deve saper gestire anche la parte emozionale: può sembrare un'affermazione banale, ma è facile farsi prendere dall'euforia oppure dallo sconforto e perdere lucidità.

In realtà quello che conta è mantenere il trend nel tempo e quindi gli sbalzi dell'umore non sono contemplabili né quando il tutto procede nel verso giusto, e si rischia quindi di esagerare perdendo tutto oppure facendo anche di peggio, né quando il tutto prende una brutta piega perché il giorno seguente potrebbe andare meglio.

Tutti possono negoziare, eppure il 95% dei trader perde denaro. Questo perché molti non tengono presenti le principali nozioni legate alla prudenza ed alla gestione del rischio, per lo più legate alla sfera emotiva: innanzitutto non si deve mai cercare il colpo da novanta perché altrimenti si perde lucidità bin maniera molto semplice e questo impedisce di gestire al meglio il rischio. Specie agli inizi, occorre investire piccole somme perché questo consente l'"assimilazione di esperienza e questo, solo dopo ponderate e attente considerazioni, può aiutare a evitare inutili fallimenti.

Inoltre, spesso contribuisce anche l'immagine del trader nell'immaginario collettivo ad ingannare i neofiti ed a fare commettere loro imprudenze perché non si deve pensare che il trader sia un ricco imprenditore che ostenta ricchezza e che si mostra in città alla guida di un'automobile di lusso e i vestiti firmati, anzi!

Spesso il trader di professione non mira alla fortuna, ma ad obiettivi realistici che generino una rendita costante cercando di correre il minimo rischio; il vero trader di professione rifugge gli investimenti azzardati e guidati dall'emotività.

L'utilizzo di sistemi basati sugli algoritmi matematici sono molto utili a contenere l'elemento emotivo, ma ciò non toglie che non si possono impiegare fino allo stremo.

Se non si ottengono risultati, tenendo un diario dei propri investimenti si cambia e si migliora ogni giorno, così le regole che si dà il trader possono lentamente e in maniera ponderata cambiare con lui.

Al contrario di quello che qualcuno possa credere, per essere un buon trader bisogna lavorare con umiltà, in maniera seria, con tanta passione, tanto dedizione e regolarità.

A fronte di tutta l'importanza da attribuire ad una adeguata preparazione in materia, uno degli errori più ripetuti è quello della persona che si approccia al mondo del trading con lo spirito di chi compie un tentativo come un altro.

Magari all'inizio può persino capitare di ottenere dei profitti ma proprio quello sarà l'inizio della fine.

Senza una conoscenza adeguata dei mercati, i risultati ottenuti tramite sensazioni personali non possono durare e il rischio di farsi prendere dall'emotività e compiere catastrofi è elevatissimo.

Per un trader di successo il fiuto, l'istinto, è importante, ma alla base ci deve sempre essere un'attenta analisi del mercato.

Allo stesso modo è sbagliato non avere un piano, cioè un programma a cui attenersi perché, se non si può conoscere il futuro del mercato, è altrettanto vero che si hanno molte prove di ciò che sul mercato è accaduto in passato.

Non tutto ciò che è successo prima potrebbe ripetersi, ma offre a chiunque un'idea di ciò che potrebbe accadere poi.

Pertanto, ad esempio nel Forex trading, è importante studiare i dati storici delle coppie di valute che si pensa di negoziare.

Qui si possono inserire strategie, obiettivi mensili o settimanali... A ricomparire sempre nella lista degli errori più comuni sono quelli legati all'emotività: se si naviga a vista senza un cronoprogramma preciso degli obiettivi, può accadere che dopo una giornata negativa si abbia la volontà di insistere, di perseverare, quasi per vendicarsi.

Assolutamente da evitare il trader aggressivo perché è forse uno degli errori più importanti che i neofiti commettono.

Se una piccola serie di perdite consecutive potrebbe essere sufficiente a prosciugare la maggior parte del capitale di rischio di un trader, questo vuol dire che il suo volume di trading è troppo alto oppure che il suo rapporto rischio/rendimento è troppo alto, quindi ogni operazione comporta un rischio troppo elevato.

In questi casi l'unica cosa da fare è studiare i mercati e prepararsi a partire bene il giorno seguente.

È bene dire, però, che anche non variare le posizioni in perdita, sperando che il mercato vada meglio, può essere un grave errore. Al contrario, se una giornata va bene può capitare che ci si faccia prendere dall'entusiasmo e diventa poi facile perdere tutto quello che di buono si è costruito.

Spesso basta una svista, basta un attimo!

Scrivere quotidianamente le proprie mosse aiuta il trader a capire l'andamento della propria personale strategia e a migliorare dai propri errori.

Ammettere i propri errori e studiarci sopra aiuta a migliorare, per evitare errori è quindi fondamentale creare il proprio personale piano di trading e seguirlo scrupolosamente.

Un trader è un essere umano che, come tale, può commettere errori e può avere fortuna, ma avere un piano a lungo termine aiuta a evitare scelte dettate dall'istinto che possono essere rischiose sia in entrata che in uscita.

Il trader deve inserirsi nell'ottica di chi cerca il risultato con l'impegno, perché se la ricerca del guadagno facile è l'unico obiettivo di un trader, soprattutto nelle prime fasi della sua carriera nel trading online, questa sarà la probabile ragione del suo fallimento, in quanto quel trader sarà molto propenso a commettere uno dei più importanti errori di trading esistenti.

Un errore comune nel mondo del trading online si può riassumere nel termine overtrading, un termine inglese che si riferisce all'operare in modo sproporzionato, sia perché si aprono oppure si chiudono molte posizioni, sia anche a causa di un eccesso di volume di transazioni, effettuate in modo compulsivo e irrazionale.

Fondamentalmente è sbagliato scambiare il trading con una scommessa, con un gioco d'azzardo perché che non esistono guadagni facili e scontati ed il trading non è una lotteria.

Però è vero anche che con applicazione, studio e costanza si può raggiungere un buon risultato.

Se si aggiunge che, una volta iniziato ed entrati nel meccanismo, arriva la passione, ecco che tutto inizia a girare per il verso giusto. Alla base deve sempre esserci la tecnica su cui applicare la strategia personalizzata, non esistono altri segreti se non quello che dice che la formazione, come in tutti gli ambiti, è fondamentale.

CAPITOLO 9
I PRO ED I CONTRO DEL TRADING AUTOMATICO

Esistono, nel mondo della negoziazione online, figure come il quant trader oppure il quantitative trader oppure il trader sistematico oppure il trader automatico.

In casi come quelli rappresentati da questa figure, tutte le strategie si basano su analisi quantitative derivate da automatismi: computazioni matematiche realizzate con algoritmi anche se il trading algoritmico è solo una probabile forma di trading automatico ma non l'unica.

Il vantaggio principale dell'utilizzo di questa strategia sta nel fatto che il trading automatico oppure algoritmico effettua le transazioni in maniera molto più rapida rispetto al trader discrezionale che utilizza il modello manuale.

Tutto potrebbe cambiare nel recente futuro in questo ambito perché il trading automatico si sta talmente perfezionando che potrebbe occupare tutto lo spazio di azione in un futuro abbastanza breve.

Gli algoritmi matematici, però, non hanno discrezionalità.

Il buon trader stila dei programmi e si pone delle regole, ma poi non deve per forza applicarle in maniera robotica, anzi, la sensibilità umana è importante per ottenere ottimi risultati.

Il giudizio dell'essere umano per adesso ha un valore in più rispetto ai sistemi automatici specie perché, come in tutte le cose, anche con il trading automatico l'arrivo di soldi facili non è così scontato e semplicistico.

Il trading automatico funziona, genera continuamente rendite per coloro che lo usano in maniera opportuna ma non è un modo per fare soldi facili e ci vuole, in ogni caso, sforzo e impegno per ottenere risultati positivi.

Si può definire *trading automatico* qualunque sistema che esegue le transazioni per conto del trader senza che questi debba inserire manualmente gli ordini di acquisto oppure di vendita.

In sostanza, un sistema di trading algoritmico è un sistema che compra oppure vende sui mercati e genera dei profitti per il trader e ne esistono due grandi categorie:

- i robot di trading, che sono sistemi di trading algoritmico. Si tratta di programmi informatici che eseguono operazioni sui mercati finanziari seguendo un preciso algoritmo che può essere codificato in un linguaggio di programmazione specifico. I robot automatici funzionano se alla base sono stati programmati da un esperto di trading e, tra i tanti presenti sul mercato, i robot che funzionano davvero bene sono in realtà molto difficili da trovare ed occorre fare molta attenzione alla scelta del robot. Purtroppo, la maggior parte dei robot di trading che vengono venduti su internet, spesso con intense campagne pubblicitarie, non sono sviluppati da persone esperte di trading ma da persone esperte di marketing e pubblicità;

la differenza è sostanziale ed il non riuscire a coglierla può fare sopraggiungere dei guai nell'operato di un trader.

Il punto è che creare un robot che faccia bene il proprio lavoro è molto complesso; chi ci riesce lo usa per sé, non ha alcun motivo di venderlo su internet per quelli che, in confronto ai guadagni che genera il robot, sono pochi spiccioli e quindi occorre sempre diffidare dalle promozioni a basso costo e dalle pubblicità roboanti;

- il Copytrading che, come dice la parola stessa in Inglese, consiste in metodi che consentono di ottenere profitti di trading copiando l'operato di altri traders, è una tecnica che si è sviluppata in pochi anni, di recente, e che potrebbe produrre buoni risultati anche per quanto riguarda i traders principianti.

Per essere efficace, il copytrading ha bisogno di una piattaforma di trading in grado di funzionare alla perfezione, sicura, affidabile e veloce nel replicare le operazioni.

Una volta che si selezionano i traders da copiare (operazione che compie l'essere umano, ma che non è affatto scontata), è poi la piattaforma automatica a copiare e rimettere in circolo l'operatività di questi traders nel proprio conto.

Dal 2017 il Bitcoin è diventato famoso, tanto che inizialmente si è divulgato come una specie di moda e molte persone, investendo in criptovaluta, hanno accumulato una vera fortuna. Successivamente però, molte persone furono costrette a subire la doccia fredda del crollo continuo della cripto valuta durante il 2018.

Chi precedentemente aveva fatto le previsioni giuste su questa moneta virtuale ha guadagnato anche con il crollo della stessa. Questo è il motivo per cui i principianti sono spesso alla ricerca di sistemi per fare trading automatico di Bitcoin o per guadagnare in automatico con le cripto valute.

Ma non è scontato non cadere nelle mani di qualche imbroglione oggi.

• Trading automatico e blockchain

Il termine Blockchain, in Inglese, sta a significare in maniera letterale *catena di blocchi* e, benché si tratti di un sistema di registrazione dati in un registro nato insieme al network Bitcoin, non necessariamente deve e può essere applicato solo al sistema delle criptovalute.

Per comprenderne il funzionamento, occorre pensare ad una catena costituita da blocchi, oppure nodi, legati gli uni agli altri.

Ogni blocco (oppure nodo) contiene dei dati.

Tutti i blocchi sono legati agli altri in ordine di tempo e uno a uno sono verificati e tracciati.

Tutto il sistema è immutabile.

In parole molto semplici e immediate, si tratta di un insieme di tecnologie che formano una struttura immutabile, il cui registro condiviso è costituito da una catena di blocchi ed ogni blocco contiene un insieme di dati con cui si registrano le transazioni. Ogni blocco è unito all'altro nella catena in ordine cronologico e la sua integrità è garantita dal sistema di crittografia.

Il meccanismo della blockchain, nonostante mostri un utilizzo sempre in crescita, è definito immutabile perché, una volta che la blockchain si è formata con il concatenarsi dei blocchi, non si può più in alcun modo alterarla né si possono eliminare dei blocchi, a meno che non si distrugga del tutto la struttura.

Prima di essere registrata in un registro condiviso da tutti coloro che fanno parte di un network che adopera il sistema della blockchain, ogni transazione viene notificata a tutti i membri di quel network e viene registrata all'interno di un blocco solo dopo che la transazione viene convalidata da almeno il 51% dei membri del network.

Questo sistema è detto del consenso distribuito (Distributed Ledger in Inglese)

Quindi, per fare chiarezza, il gruppo di tecnologie blockchain fa parte del più ampio sistema Distributed Ledger.

Secondo Vitalik Buterin e Gavin Wood "Una BlockChain è un computer magico su cui chiunque può caricare programmi e lasciare ai programmi di procedere nel loro lavoro autonomamente. Su questo computer immaginario lo stato attuale e tutti i passaggi precedenti di ogni programma sono sempre pubblicamente visibili e che portano ad una molto forte garanzia economicamente protetta. Inoltre i programmi in esecuzione sulla catena lo faranno continuare a eseguire esattamente nel modo specificato dal protocollo BlockChain fino a nuove istruzioni. […] Le BlockChain non hanno

90

l'obiettivo di portare al mondo un set di regole in particolare, si tratta di lasciare la libertà di creare un nuovo meccanismo con un nuovo set di regole estremamente rapide e attivabili di volta in volta".

Nata come tecnologia per rendere sicure le transizioni sul network Bitcoin e su quelli di altre criptovalute, oggi la blockchain si sta studiando in ogni parte del mondo perché la sua comparsa sul mondo della finanza è stata rivoluzionaria proprio come lo sono state le criptovalute e le sue applicazioni possono essere molteplici e sfaccettate in molti ambiti.

Oltre, ovviamente, all'ambito delle finanze, questo insieme di tecnologie sta trovando applicazioni incredibili in molti altri settori.

Le potenzialità del sistema della blockchain viaggiano di pari passo con le potenzialità legate al mondo del web e quindi sono infinite e potranno essere applicate in ambiti diversi: ad esempio un sistema di transizione certo e immutabile come quello della blockchain può essere applicato in futuro per scavalcare l'operato dei notai (e delle spese annesse), dei sistemi finanziari e persino delle banche che, operando in funzione di terze parti intermediarie in una qualunque transazione, comportano delle spese.

Le tecnologie legate al mondo della blockchain sono già attualmente applicabili ai sistemi che ruotano intorno alla Pubblica Amministrazione e alla burocrazia, alla sanità e alla gestione della privacy, alle aziende (tra queste quelle al momento maggiormente interessate sono quelle agroalimentari, quelle della moda e tutte quelle aziende che desiderano rendere più efficaci ed efficienti i sistemi di tracciamento, certificazioni, burocrazia, sicurezza, tenuta dei registri e ridurre i margini di errore manuale).

Alcune caratteristiche su cui si basano l'insieme delle tecnologie che rientrano nel gruppo definito blockchain sono:

- digitalizzazione: con essa offre l'opportunità di acquisire dati fisici e trasformarli in dati informatici. Ad esempio, esattamente con la stessa semplicità, immediatezza e rapidità con cui si manda una email si può inviare oppure ricevere denaro.

- tracciabilità: opportunità di tracciare i trasferimenti in ogni loro singola fase. Di ogni transazione si può costruire il percorso e risalire all'origine.

- decentralizzazione: i dati e le informazioni vengono frammentati e distribuiti tra più blocchi (oppure nodi) in modo da garantire la sicurezza informatica. Per ogni transazione si può ricostruire in ogni momento il percorso e i dati riguardo ad essa, una volta trasmessi, sono fissi e immutabili e quindi certi.

- programmabilità: opportunità di programmare in maniera automatica certe azioni al verificarsi di determinate condizioni, si pensi ad esempio alle svariate possibilità in questo senso offerte dal trading online! Tutto questo è di grande valore anche per le aziende che si troveranno ad utilizzare sempre meglio e sempre di più delle tecnologie robotizzate e automatizzate. Grazie a questo strumento ci sarà la possibilità di programmare interventi sicuri e precisi.

- immutabilità: i dati riportati sul registro condiviso della blockchain non possono essere cambiati a meno che non si perda tutta la catena di blocchi. Ciò è sinonimo di garanzia e sicurezza.

- trasparenza: la catena è cristallina e altamente verificabile. Il contenuto del registro è pubblico e chiaro, visibile a tutti. Ciò implica un grande salto di qualità anche, ad esempio, nel mondo della tracciabilità dei prodotti enologici e gastronomici. L'esempio più classico è quello della provenienza certa del caffè. Ma occorre ricordare che le conseguenze di tutto ciò potrebbero investire anche tutto il mondo della contraffazione, specie nel settore moda e in generale della sostenibilità ambientale.

- disintermediazione: il sistema della blockchain consente di operare transizioni senza bisogno di enti certificatori fisici (come ad esempio il notaio) oppure istituzionali (come ad esempio le banche oppure i vari enti deposti al controllo). In questa maniera si elimina la burocrazia e si snellisce il processo di transazione, rendendo tutto sicuro e tracciabile sulla rete, offrendo anche l'opportunità di gestire il tutto in totale autonomia e in maniera rapida.

Per chiudere il cerchio: Bitcoin è stata la prima criptovaluta che ha utilizzato l'insieme di sistemi tecnologici della blockchain, andando quindi a inaugurare la metodologia per cui ogni transazione è verificata non da un ente certificatore ma dalla tecnologia e in particolare da una rete decentralizzata che funziona per consenso degli stessi utenti.

La blockchain applicata al network Bitcoin è, in pratica, un registro in cui sono riportati in maniera univoca tutti i nomi e le attività di compravendita di bitcoin avvenuti: il registro è accessibile a tutti e per questo è chiaro e trasparente senza bisogno di un ente terzo certificatore.

La catena di blocchi svolge quindi la stessa funzione della banca con lo scambio di denaro reale, ma in forma sicura, digitale, rapida e immediata.

Ciò può avvenire in tempo reale in tutto il mondo.

Per quanto riguarda la privacy, ogni utente ha un codice alfanumerico come password che, però, non può essere in alcun modo cambiato né recuperato se lo si è perduto.

Il registro conserva il nome dei codici, non quello dell'utente a cui essi sono collegati e solo l'utente stesso conosce il proprio.

Ogni utente non conosce il codice dell'altro e in nessun modo può ricavarne l'origine.

Si pensi alla portata innovativa che si spalanca di fronte a una rete che funziona in questa maniera! Questo sistema sembra non presentare pericoli ma, come in tutte le cose, anche in questo ambito occorre moltissima cautela.

Le truffe, oppure almeno i tentativi di truffa, ci sono come in tutti gli ambiti, ma è estremamente complesso poterci intervenire. Ogni investimento, specialmente nel mondo dell'innovazione e della tec-

nologia, comporta dei rischi, come sempre è raccomandabile la prudenza e lo studio, accompagnati però da una sana curiosità.

Conoscere è fondamentale per agire al meglio.

Ad esempio il rischio di probabili truffe si attanaglia oppure si
può attanagliare dietro al lancio sul mercato delle startup.

Fino a poco tempo fa', quando si lanciava una startup spesso era
necessario andare a cercare chi finanziasse e sostenesse l'innovazione che essa si proponeva di portare e rappresentare.

Questo, però, rendeva necessario, per quella azienda da lanciare
un solido bagaglio di esperienza e una programmazione imprendi-
toriale molto molto accurata; oggi una startup può saltare tutti i passaggi e presentarsi in rete chiedendo agli investitori di co-parteci-
pare all'investimento necessario ad avviare l'azienda semplicemente
condividendo la spesa di una moneta virtuale come il bitcoin.

Se poi l'impresa andrà bene l'investitore avrà fatto un ottimo af-
fare, ma se l'impresa andrà male l'investitore avrà perduto del denaro.

Purtroppo in questa maniera è molto più complesso verificare se
dietro alla presentazione della startup c'è un lavoro di programmazione a lungo termine oppure se si tratta semplicemente di una presentazione di facciata, volta solo a raggirare gli investitori.

L'insieme di tecnologie che compongono la blockchain rientrano
nel mondo dell'Internet of Value, cioè l'Internet del Valore.

In pratica si punta a creare una rete nella quale sul web si possa
scambiare valore (inteso in termini economici) con la stessa rapidità,

velocità e semplicità con cui oggi ci si scambiano dati e informazioni.

A questo si aggiunge l'opportunità di programmare in maniera automatica alcune azioni e tutto ciò conferisce al futuro un aspetto tanto interessante quanto complesso.

Esattamente come la nascita di Internet nel 1982 suscitò stupore e paura, oggi queste nuove tecnologie sono spesso accompagnate da pregiudizi e timori perché, come per tutte le cose, si teme ciò che non si conosce ma l'imprenditore, di natura curioso e pronto a sperimentare, ama approfondire.

Per quanto riguarda la programmabilità e l'automatizzazione della blockchain è necessario fare, solo a titolo di esempio, un inciso su come questa opportunità si sposa con il trading automatico: è il caso di quello che si chiama quantitative trader oppure trader sistematico oppure trader automatico.

In questo caso tutte le strategie si basano su analisi quantitative derivate da automatismi e quindi computazioni matematiche realizzate con algoritmi, anche se il trading algoritmico è solo una delle tante opportunità offerte dalle forme di trading automatico, non l'unica.

Il vantaggio principale dell'utilizzo di questa strategia sta nel fatto che il trading automatico o algoritmico effettua le operazioni in maniera molto più rapida rispetto al trader discrezionale che utilizza il modello manuale e, grazie all'applicazione della blockchain in questo settore, potrebbe cambiare tutto nel recente futuro in questo ambito perché il trading automatico si sta talmente perfezionando, anche grazie a queste nuove tecnologie, che potrebbe occupare tutto lo spazio di azione in un futuro abbastanza breve.

Il punto è che il mondo si trova alle porte di una rivoluzione e, come sempre, chi è arrivato pronto e preparato al momento in cui si sono tenuti i primi investimenti seri e reali, è colui che ha già messo da parte dei buonissimi investimenti fruttuosi.

Poi ci sarà colui che avrà maggiori probabilità di successo anche se arriverà in un secondo momento, mentre il mercato si sta allargando; infine ci sarà chi si deciderà ad approfondire e quindi a rischiare quando ormai lo avranno già fatto tutti i maggiori investitori del mondo e, a quel punto, forse potrà portare la propria azienda a un più alto livello di tecnologia e smart intelligence per non restare più indietro di tutti gli altri, ma certamente non sarà più in grado di guadagnare profitti dal punto di vista degli investimenti e delle finanze.

CAPITOLO 10

IDENTIFICAZIONE DI UN TREND RIALZISTA OPPURE RIBASSISTA

Per trend, in ambito finanziario, altro non si intende che la tendenza dei mercati e lo si individua quando un asset, un settore, un tasso di interesse oppure una rendita azionaria registrano dei movimenti duraturi a ribasso oppure al rialzo.

L'individuazione di un trend tramite analisi di mercato e quindi tramite lo studio di grafici sarà sempre il centro di tutte le strategie di trading.

Gli indicatori del trend sui grafici aiutano i principianti, ma non solo, a seguire l'andamento di mercato e dunque ad individuare la posizione più proficua da mantenere mentre il mercato è aperto. Comprendere il trend è il sale di ogni strategia di negoziazione, ma non è un'attività banale: occorrono studio, attenzione e molta pratica.

Datosi che un asset si muove per massimi e minimi, un trend al rialzo può essere riconosciuto da massimi e minimi crescenti e, allo stesso modo, ci si riferisce ad un trend al ribasso in presenza di massimi e minimi decrescenti.

Per la precisione, esiste anche un trend laterale e si definisce tale quando massimi e minimi non hanno una direzione chiara. Ma non è sempre così semplice.

Il trend è costituito da altre mille sfumature, quasi del tutto impercettibili a chi non riesce ad effettuare un'analisi di mercato adeguata.

Per ogni trend ci saranno sempre altri andamenti più brevi che lo affiancheranno e, a loro volta, questi avranno una direzione identica oppure contraria al trend principale.

Da questo si evince che la durata di un trend e la strada che percorrerà saranno sempre proporzionati alla direzione del trend maggiore.

Il trend si divide in tre categorie principali che si basano sulla sua durata:

-    trend primario, che è il trend principale e la sua durata varia da un anno a tre anni;

-    il trend secondario che di solito ha una durata di un paio di mesi;

-    Il trend minore che consiste in fluttuazioni brevi interne al trend secondario. Di solito dura dalle due alle tre settimane.

In particolare, la compravendita di strumenti finanziari allo scoperto è una forma di speculazione finanziaria che esiste grazie all'esistenza di un periodo di tempo di alcuni giorni; tale periodo intercorre dal momento della transazione a quello della liquidazione con lo scambio dei titoli e del controvalore in moneta.

In teoria, dato che la moneta è un bene come un altro, chiunque speculi al rialzo sul prezzo di un bene sta, nello stesso istante, speculando al ribasso sul valore della moneta rispetto a quel bene.

La differenza reale tra uno speculatore al rialzo ed uno speculatore al ribasso è che, speculando al rialzo sul prezzo di un bene, lo speculatore rischia una quantità limitata di capitale, ovvero quello speso per acquistare il bene da rivendere più tardi mentre uno speculatore al ribasso rischia una quantità indeterminata di capitale, ovvero quello che dovrà spendere per acquistare il bene in futuro per assolvere al contratto.

Al contrario, colui che opera speculazioni al rialzo può guadagnare un'importante quantità di denaro nel futuro, rivendendo il bene su cui sta speculando, mentre lo speculatore al ribasso può al massimo guadagnare il prezzo a cui si è impegnato di vendere il bene in futuro.

CAPITOLO 11
BACK-TESTING

U na regola fondamentale per riuscire ad ottenere il successo nel mondo delle negoziazioni sul mercato è saper analizzare un trading system, una piattaforma di trading, tramite i dati che abbiamo a disposizione.

Per saper valutare l'affidabilità di un trading system significa acquisirne il concetto di funzionamento, la sicurezza, la robustezza e la versatilità rispetto al tipo di investimento operato da un trader.

Oltre ai dati forniti dai test effettuati in passato, come il fattore profitto e la media delle operazioni piuttosto che il massimo ribasso , è importante analizzare le singole transazioni, avere l'opportunità di gestire un crollo improvviso dovuto ad eventi straordinari ed altri punti chiave che, in questo ambito, non sono mai pochi.

Molto spesso l'andamento di un sistema automatizzato di trading viene mostrato in 2 diverse modalità:

-    Tramite un'equity line (curva dei profitti);

-    Tramite Statement oppure Backtest che sono, rispettivamente, l'estratto conto oppure i risultati dei test effettuati nel passato.

Riguardo alla equity line, ovvero quella curva di profitti e perdite che rappresenta i saldi numerici del conto, non occorre mai trascurare che non può essere mai perfettamente retta perché è normale che siano visibili delle oscillazioni, il tutto è fondamentale riuscire a visualizzare i cosiddetti drawdown.

Se invece si sta visualizzando uno statement oppure backtest, oltre alla percentuale di successo del sistema piuttosto che il risultato del guadagno finale, occorre mettere in primo piano alcuni dati matematici fondamentali:

- Fattore profitto;

- Media delle transazioni;

- Massimo ribasso giornaliero.

Il fattore profitto, comunemente chiamato *profit factor* in gergo tecnico, è il rapporto tra il totale delle transazioni vincenti e il totale delle transazioni perdenti.

Questo dato statistico ci dice quanti soldi guadagna il sistema di ogni trader per ogni soldo che perde e ne misura il rischio.

Un trading system che lavora con time frame di 1h, 4h piuttosto che daily deve avere un fattore profitto superiore a 2; mentre sistemi che lavorano su time frame di brevissimo periodo (ad es. 5 minuti) possono anche sviluppare un fattore profitto inferiore a 2.

La media delle transazioni è invece l'aspettativa matematica del sistema e deve essere un valore soddisfacente sia per coprire i costi transazionali che per garantire al trader un guadagno costante.

Specie per chi approccia al trading algoritmico con capitali molto bassi, però, è di vitale importanza verificare il massimo ribasso giornaliero, ovvero la discesa maggiore che potrà incidere sul proprio capitale a disposizione.

Questo dato è incide profondamente sulla strategia di trading, soprattutto per i sistemi che hanno come sottostante dei contratti derivati, il rischio è quello di svuotare totalmente la capienza del conto.

L'affidabilità di un Robot trading si può appurare verificando diversi parametri.

Molti trading system di successo sono niente altro che meccanismi di trend following, ossia degli automatismi che seguono semplicemente il trend.

Ma un trading system per, essere considerato affidabile, può operare in diverse fasi di mercato e seguendo alcuni indicatori, rimbalzi, breakout ecc ma tenendo sempre in considerazione il trend principale del mercato sottostante di riferimento.

Fondamentale è analizzare il backtest e i risultati del sistema, ponendosi alcune domande relative al fatto che ci indichi se il risultato abbia senso oppure se si è trattato solo una coincidenza, se si può sopravvivere ad un crollo dei mercati, cosa accade quando un segnale non è buono e quanto velocemente il sistema blocca le perdite.

Inoltre, è da tenere sempre in considerazione anche il numero di trades che il sistema avrebbe eseguito in passato, poiché un trading system con profit factor elevato ma con un numero di eseguiti troppo basso non è attendibile dal punto di vista statistico.

Il campione del test deve assolutamente essere un buon campione, con un ampio storico e meglio sarebbe se fosse con Time frame superiore a 1h.

Inoltre, da non tralasciare assolutamente è la media delle operazioni perché questo rapporto è l'aspettativa matematica del sistema e deve tenere in considerazione ii potenziali costi commissionali oppure di spread.

In ottica di Risk Management, un ruolo fondamentale è il massimo "drawdown" che non deve superare 1/3 del capitale del trader.

Il trader avveduto tiene sempre presente che è molto importante registrare appunti dell'andamento delle proprie negoziazioni per capire va bene e cosa no nella propria strategia personale e migliorare a partire dai propri errori.

Il backtesting è uno strumento che può aiutare il trader a farlo in maniera professionale ed è utilizzato da coloro che hanno intenzione di appurare l'efficacia di una strategia, quindi è uno strumento particolarmente adatto per chi è alle prime armi.

Il backtesting, come dice il nome stesso, è un test che si rivolge alle operatività ormai passate e questo sta a significare che consiste nel simulare l'attività di trading non sul mercato del momento, ma partendo da un'osservazione dei dati del passato.

Il trader sceglie il momento che gli interessa analizzare e usa lo strumento del back testing per fare una simulazione.

Studiare un andamento del passato conferisce al trader buone opportunità di pensare che tali oscillazioni e movimenti possano ripetersi in condizioni simili del mercato al presente.

Non è scontato saper analizzare i dati che derivano da questa analisi, ma con un po' di pazienza può rivelarsi davvero molto utile.

CAPITOLO 12
I RISCHI PIÙ FREQUENTI E COME EVITARLI

P erdere è in effetti una parte inevitabile del trading, nessuno lo vorrebbe ma tutti i trader devono essere preparati a questa evenienza.

Una buona strategia di gestione del rischio permette al trader di salvaguardare i suoi profitti e ridurre le perdite e, in alcuni corsi di formazione fortemente raccomandati per chi si approccia per la prima volta a questa attività, le perdite vengono giustamente considerate come *costi dell'attività*.

Occorre sempre guardare al piano degli obiettivi e calcolare a lungo termine entrate e uscite.

Certamente, per avere successo le entrate devono essere costantemente superiori ma il successo non si può calcolare in una giornata perché sono medie che vengono fuori rispetto agli obiettivi mensili oppure annui.

Per questo occorre sempre ricordare che l'emotività legata alle singole transazioni non è da considerarsi ma anzi può solo essere nociva.

Nell'analisi dei rischi è importante iniziare a capire cos'è una speculazione: si dice speculazione nel commercio l'acquisto di un bene di qualsiasi tipo fatto per investimento, cioè acquistato nella speranza che quello stesso bene aumenti di valore nel tempo.

La speculazione in particolare è conosciuta nell'edilizia.

Nella finanza il concetto è più sottile: si tratta di investire azioni o comunque di effettuare transazioni anche rischiose nel tentativo di avere un guadagno dalle oscillazioni del mercato.

L'etimologia della parola *speculazione* indica che essa deriva dal Latino *specula* che significa *vedetta*, mentre il verbo *specere* ha significato di *scrutare*.

Da questo si può traslare il significato di *osservare con attenzione*, ma anche, legandolo alla figura della vedetta, può trasmettere l'idea di *guardare lontano*, *guardare al futuro*.

Per fare un buon trading, operato in maniera consapevole e pianificato per fare profitti nel tempo, si deve essere chiaramente consapevoli dei cosiddetti gestori del rischio, ovvero si devono conoscere le caratteristiche degli strumenti finanziari che utilizziamo per non rischiare di avere transazioni non adeguate al profilo del trader.

Secondo John Maynard Keynes, la speculazione è l'arte di capire cosa gli altri operatori di mercato hanno pensato riguardo al futuro: a questo proposito è molto utile per capire il concetto un esempio tratto da una metafora molto famosa, ovvero quella che si riferisce ad un concorso di bellezza: si ponga il caso che a Tizio Caio sia chiesto di indovinare quale modella vincerà il concorso di bellezza; per la modella il singolo parere di Tizio Caio non conterà molto ai fini della vittoria, sarà invece fondamentale provare a capire cosa vorrebbe la maggior parte dei giurati; quindi non porterà assolutamente a nulla puntare sulla ragazza secondo noi più bella, mentre sarà importante portare l'attenzione a ciò che in maggioranza pensano nella giuria e così si potrà mettere in piedi una scommessa vincente.

Lo stesso principio vale anche per quanto riguarda il mercato azionario: è necessario capire come agirà la maggioranza degli operatori.

Se si intende applicare il termine *speculazione* all'attività di prevedere la psicologia del mercato e il termine *intraprendenza* all'attività di prevedere il rendimento prospettivo dei beni capitali per tutta la durata della loro vita, è certo che non sempre si verifica che la speculazione predomini sull'intraprendenza. Tuttavia, quanto più perfezionata è l'organizzazione dei mercati di investimento, tanto maggiore sarà il rischio che la speculazione prenda il sopravvento sull'intraprendenza.

In uno dei maggiori mercati di investimento del mondo come quello di New York, l'influenza della speculazione (nel senso suddetto) è enorme.

Gli speculatori possono essere innocui se sono delle bolle sopra un flusso regolare di intraprese economiche; ma il contesto è serio se le imprese diventano una bolla sospesa sopra un vortice di speculazioni.

Quando, ad esempio, l'accumulazione di capitale di un Paese diventa il sottoprodotto delle attività di un Casinò, è probabile che il tutto vada male. Se alla Borsa si guarda come a un'istituzione la cui funzione sociale appropriata è orientare i nuovi investimenti verso i canali più profittevoli in termini di rendimenti futuri, il successo conquistato da Wall Street non può proprio essere vantato tra gli straordinari trionfi di un capitalismo del laissez faire. Tutto questo non dovrebbe meravigliare, se si ha ragione quando si sostiene che le più grandi menti di Wall Street sono in verità orientati a tutt'altri obiettivi.

Nonostante la determinazione del prezzo di acquisto di beni oppure di servizi sia considerata una diritto insindacabile dell'imprenditore in Italia, l'ordinamento italiano prevede il reato denominato manovre speculative su merci di cui all' articolo 501 bis del codice penale.

Si definisce il reato quando l'aumento ingiustificato dei prezzi avviene in presenza dell'elemento oggettivo dei beni di prima necessità e dell'elemento soggettivo dell'attività commerciale del decisore. Il reato si manifesta quando l'aumento dei prezzi sia suscettibile di generare un comportamento emulatorio generalizzato e diffuso nell'ambito di un mercato pubblicamente accessibile, di dimensione nazionale oppure locale.

Il medesimo effetto inflattivo si realizza in presenza di un cartello economico oppure di un'intesa restrittiva della concorrenza fra gli operatori economici.

In Italia esistono moltissime società che svolgono questo tipo di operatività, offrendo vere e proprie piattaforme.

Trattandosi pur sempre di speculazione, prima di affidarsi ad una di queste il trader deve ricordare che si ha a che fare con un servizio ad alto livello di rischio e che le società che forniscono tale servizio in maniera legale sono regolamentate dalla CONSOB, conviene sempre affidarsi a loro per non incorrere in problemi di pagamento oppure truffe.

L'assenza di limiti del numero di transazioni giornaliere da parte del singolo investitore può trasformarsi in un'attività che può svilup-pare inconsapevolmente dipendenza: accade che il trader privato au-menti sia il tempo dedicato che il numero delle negoziazioni con la suggestione e l'illusione di dedicarsi ad un'attività lavorativa che, al contrario, è spesso fonte di perdite anche elevate.

Per questo l'ESMA ha limitato nel 2018 la leva finanziaria appli-cabile ai conti di trading online; con l'acronimo ESMA si intende l'Autorità europea degli strumenti finanziari e dei mercati (ESMA-European Securities and Markets Authority, in Inglese) e si tratta di un organismo dell'Unione Europea che, dal 1° gennaio 2011, ha il compito di sorvegliare il mercato finanziario europeo e ad essa par-tecipano tutte le autorità di vigilanza bancaria dell'Unione europea.

L'Autorità sostituisce il Committee of European Securities Regu-lators (CESR) e ha sede a Parigi.

L'ESMA si occupa della legislazione sui titoli e della regolamen-tazione, per migliorare il funzionamento dei mercati finanziari in

Europa, rafforzando la protezione degli investitori e la cooperazione tra le autorità nazionali competenti.

Gli obiettivi dell'autorità sono: salvaguardare la stabilità del sistema finanziario dell'Unione europea, garantendo l'integrità, la trasparenza, l'efficienza e il regolare funzionamento dei mercati mobiliari, nonché di migliorare la tutela degli investitori.

CONCLUSIONI

Un ottimo suggerimento per chi si avvicina al mondo del trading per la prima volta è quello che mostra come si possono scegliere i metodi di trading più adatti alle proprie necessità, ma specialmente all'inizio è auspicabile affidarsi a un broker online per sperimentare più stili e capire quale meglio si confà al proprio stile.

Un buon broker, specialmente agli inizi di un rapporto di lavoro, ha l'opportunità di tutelare il trader principiante dalle truffe e dal subite altri illeciti.

L'introduzione al mondo del trading seguita da un broker può aiutare a familiarizzare con gli strumenti e, per non rischiare i propri soldi è bene trovare un broker che faccia formazione e che metta a disposizione del trader il proprio conto demo: in questa maniera il trader può fare errori, capire e ricominciare senza preoccupazioni.

Utilizzare un conto demo è utile per acquisire familiarità con la piattaforma e possono essere un valido supporto al fine di acquisire familiarità con gli strumenti per effettuare ordini, consultare funzioni di analisi tecnica e delineare precise strategie di azione.

Sarà opportuno per il trader gestire le negoziazioni basandosi su importi virtuali, che a seconda dei servizi offerti dalla piattaforma potranno essere anche illimitati e gratuiti.

Per il trader alle prime armi è fondamentale partire da questo "gioco" in modo da prendere confidenza con gli strumenti senza incorrere in ingenti perdite e senza farsi prendere dall'emozione che, in questo caso, può essere nociva.

Tutti i nomi di piattaforme di trading online sono domini registrati ed appartengono ai legittimi proprietari, la loro menzione in questo manuale è puramente a scopo informativo ed illustrativo.

Tutte le immagini inserite in questo manuale sono libere da copyright e di pubblico dominio.

CPSIA information can be obtained
at www.ICGtesting.com
Printed in the USA
LVHW060759270521
688188LV00044B/160

9 781802 948783